MIX
Papier aus verantwortungsvollen Quellen
Paper from responsible sources
FSC® C105338

Viktor Vahdat

# Das Grüne Band Europas

## Im Spannungsfeld von Naturschutz und Tourismus

Diplomica® Verlag GmbH

**Vahdat, Viktor: Das Grüne Band Europas: Im Spannungsfeld von Naturschutz und Tourismus**, Hamburg, Diplomica Verlag GmbH 2013

ISBN: 978-3-8428-9092-3
Druck: Diplomica® Verlag GmbH, Hamburg, 2013
Covermotiv: © Viktor Vahdat

**Bibliografische Information der Deutschen Nationalbibliothek**:
Die Deutsche Nationalbibliothek verzeichnet diese Publikation in der Deutschen Nationalbibliografie; detaillierte bibliografische Daten sind im Internet über http://dnb.d-nb.de abrufbar.

Die digitale Ausgabe (eBook-Ausgabe) dieses Titels trägt die ISBN 978-3-8428-4092-8 und kann über den Handel oder den Verlag bezogen werden.

Dieses Werk ist urheberrechtlich geschützt. Die dadurch begründeten Rechte, insbesondere die der Übersetzung, des Nachdrucks, des Vortrags, der Entnahme von Abbildungen und Tabellen, der Funksendung, der Mikroverfilmung oder der Vervielfältigung auf anderen Wegen und der Speicherung in Datenverarbeitungsanlagen, bleiben, auch bei nur auszugsweiser Verwertung, vorbehalten. Eine Vervielfältigung dieses Werkes oder von Teilen dieses Werkes ist auch im Einzelfall nur in den Grenzen der gesetzlichen Bestimmungen des Urheberrechtsgesetzes der Bundesrepublik Deutschland in der jeweils geltenden Fassung zulässig. Sie ist grundsätzlich vergütungspflichtig. Zuwiderhandlungen unterliegen den Strafbestimmungen des Urheberrechtes.

Die Wiedergabe von Gebrauchsnamen, Handelsnamen, Warenbezeichnungen usw. in diesem Werk berechtigt auch ohne besondere Kennzeichnung nicht zu der Annahme, dass solche Namen im Sinne der Warenzeichen- und Markenschutz-Gesetzgebung als frei zu betrachten wären und daher von jedermann benutzt werden dürften.

Die Informationen in diesem Werk wurden mit Sorgfalt erarbeitet. Dennoch können Fehler nicht vollständig ausgeschlossen werden, und der Diplomica Verlag, die Autoren oder Übersetzer übernehmen keine juristische Verantwortung oder irgendeine Haftung für evtl. verbliebene fehlerhafte Angaben und deren Folgen.

© Diplomica Verlag GmbH
http://www.diplomica-verlag.de, Hamburg 2013
Printed in Germany

# Vorwort

Schon als kleines Kind liebte ich es, daheim in Losenstein im Ennstal auf den Wiesen zu spielen und meinen Großeltern bei der Arbeit mit den Tieren zu „helfen" bzw. im Garten Experimente mit den verschiedensten Materialien durchzuführen. Daheim beobachtete ich die Tiere beim Wühlen und Suhlen, beim Graben und die Farbenpracht der Tier- und Pflanzenwelt.

Gemeinsam mit meinem Onkel fuhren wir oft auf der Enns im Kanu und sahen die Artenvielfalt der Region. Vögel, Fische, Schlangen, aber auch die Ufervegetation waren immer voller Überraschungen. Erlebnisse, wie meinen Ritt mit dem Ziegenbock Barnabas oder die Ausflüge mit dem Pferd Wanda über die Wiesen und durch die Wälder, werde ich wohl nie vergessen. Dank meines Vaters erlebte ich wunderbare Momente in verschiedensten Schluchten, in Wäldern und auf Feldern. Gemeinsam mit meinem Bruder standen wir auf Berggipfeln, rannten Kare hinab und wanderten Flüsse entlang. Diese prägenden Erfahrungen in der Kindheit bilden einen prägnanten Grundstock für die folgende Auseinandersetzung.

Schon früh erfuhr ich, dass ich - so wie wir alle - Teil der Natur bin, und konnte nie verstehen, warum sie trotzdem vielerorts u. a. für wirtschaftliche Interessen ausgebeutet und zerstört wird, ja sogar Pflanzen- und Tierarten aussterben und für immer verschwinden. Die Natur ist für mich das Leben und ich würde mir wünschen in meinem Wirken einiges zu ihrem Schutz beitragen zu können.

Das Grüne Band habe ich bei meiner Reise mit dem Fahrrad von Losenstein zum Schwarzen Meer (2008) zum ersten Mal persönlich kennengelernt. Es ist äußerst faszinierend und anregend zugleich. Spannend war sowohl über die Geschichte als auch die Geografie und vor allem über die vielfältige Natur sowie auch über die Auswirkungen des Tourismus viel Neues zu erfahren.

Die Auseinandersetzung mit der Theorie über das Verhältnis von Naturschutz und Tourismus war eine lohnende Herausforderung und Horizonterweiterung. Da ich mich selbst als naturverbundenen Menschen sehe und mir der Erhalt einer vielfältigen, gesunden und ökologisch ausgeglichenen Umwelt sehr wichtig ist, finde ich das Spannungsfeld zwischen Naturschutz und Tourismus äußerst interessant.

Ich bin am liebsten als Abenteuertourist (per Rad, Boot oder zu Fuß) unterwegs und verstehe aus diesem Grund alle Menschen besonders gut, die in die Natur gehen, um Ausgleich, Erholung und Entspannung zu finden und so neue Kraft zu tanken.

Doch leider ist die unberührte, intakte Natur in der heutigen Zeit – im Vergleich zu den Megastädten, Schnellstraßen und Menschenmassen - schon so „klein und überschaubar" geworden, dass man das Gefühl hat, sie nur mit kreativen Ideen, gut durchdachten Maßnahmen und alternativen Lebensweisen vor einem Zu-Tode-Lieben bewahren zu können.

Ich wünsche, dass allen – auch in Zukunft - die Möglichkeiten zu tiefer Naturerfahrung frei und offen stehen werden. Und ich bedanke mich hiermit bei „Mutter Erde", meiner eigenen Mutter, meinem Vater, meinem Stiefvater, meiner Familie, meinen Freunden und ganz besonders meiner lieben Freundin Hanna für alles, was ich bisher erleben durfte und noch erleben werde.

Keyhan Viktor VAHDAT

# Abstract

This thesis is about the European Green Belt.

The thesis opens with an introduction to the history of the Green Belt, which includes a history of the Iron Curtain and its break-up. This is followed by a general survey of the different sections of the European Green Belt, which are the Fennoscandian, Central European and South Eastern-European sections.

The main issue of concern here is the relationship between tourism and nature. It turns out that unpolluted and fully functioning nature are the basis for all different kinds of nature tourism. However, "overusing" nature can lead to its destruction, by literally "loving it to death". For this reason, it is necessary to act in sustainable ways to conserve the nature. Forms of sustainable tourism, such as ecotourism, have therefore been developed. This thesis examines the different forms of ecotourism and discusses the potential impacts of nature- based tourism.

Nevertheless, real sustainable tourism is said to be useful for regional development, because it can generate income locally and strengthen regional development. Moreover, it can help increase the acceptance of practices that lead to nature protection and helps to fund future protection activities. However, there are a number of issues to be considered to secure that ecotourism turns out to be really useful for a region.

In additional to laying a theoretical basis for studying the role of tourism within the European Green Belt, this thesis also presents examples for how it is used in tourism. The first example is the Prespa- Ohrid region located in the South Eastern European Green Belt, where the land is still recuperating from the impacts of former land use; and where ecotourism - instead of land exploitation - is slowly being introduced. The second example is a special case that relates to the entire Green Belt: the Iron Curtain Bicycle Trail.

All in all it turns out that only painstakingly planned sustainable forms of tourism can have positive effects on nature, people and economy.

# Zusammenfassung

Diese Studie behandelt das Grüne Band Europas im Spannungsfeld von Naturschutz und Tourismus. Zu Beginn wird ein kurzer Einblick in die Geschichte des Grünen Bandes bzw. eigentlich des Eisernen Vorhangs und dessen Auflösung gegeben. Dann folgt ein Überblick über die verschiedenen Abschnitte – das Fennoskandische-, das Zentraleuropäische- und das Südosteuropäische Grüne Band.

Ein Schwerpunkt dieser Arbeit ist das ambivalente Verhältnis von Naturschutz und Tourismus. Grundsätzlich gilt, dass eine saubere und intakte Natur die Basis aller Arten von Naturtourismus darstellt. Doch durch Übernutzung kann die Natur „zu Tode geliebt" und letztendlich zerstört werden. Nachhaltiges Handeln ist daher notwendig, um die Natur zu erhalten. Deshalb wurden auch schon nachhaltige Formen von Tourismus, wie z.B. der Ökotourismus, entwickelt. Die verschiedenen Ausprägungen von Ökotourismus werden beschrieben und die möglichen negativen Einwirkungen auf die Umwelt aufgelistet.

Echter nachhaltiger Fremdenverkehr kann im Idealfall positive Effekte für die Regionalentwicklung haben, da durch nachhaltigen Tourismus lokales Einkommen erzeugt wird und somit die Lokalentwicklung gestärkt werden kann. Zusätzlich ist es möglich, dass durch ihn auch die Akzeptanz der Bevölkerung für Naturschutzmaßnahmen erhöht und Geld für weitere Verbesserungen lukriert werden. Es gilt jedoch vieles zu beachten, um sicherzustellen, dass einerseits die Nachhaltigkeit, andererseits die positiven Auswirkungen auf die Region gewährleistet werden.

Neben diesem theoretischen Hintergrund werden auch die Rolle des Tourismus am Grünen Band Europas erörtert und Beispiele für touristische Nutzungen in diesen Gebieten angeführt. Als erstes bietet die Prespa-Ohrid Region am Südosteuropäischen Band Gelegenheit für eine Betrachtung. In diesem Gebiet erholt sich die Natur erst jetzt von den früheren Eingriffen und der Übernutzung. Heute wird dort versucht Ökotourismus anstelle der Ausbeutung und Übernutzung natürlicher Ressourcen einzuführen. Als zweites Beispiel dient der Europa-Radweg Eiserner Vorhang, der sich über das gesamte Grüne Band Europas erstreckt.

In der Diskussion wird betont, dass nur sorgsam geplanter nachhaltiger Tourismus positive Effekte auf die Natur, die Bevölkerung und die Wirtschaft haben kann.

# Inhaltsverzeichnis

1 Einleitung .................................................................................................. 13

2 Methode ..................................................................................................... 15
   2.1 Literaturübersicht ................................................................................ 15
   2.2 Problemlösungsweg ............................................................................ 16

3 Das Grüne Band Europas ........................................................................ 17
   3.1 Geschichte: „Wie kam es zum Grünen Band?" ................................... 17
      3.1.1 Der Eiserne Vorhang .................................................................. 17
      3.1.2 Die Wiedervereinigung Deutschlands ........................................ 20
   3.2 Entstehung des Grünen Bandes ......................................................... 20
      3.2.1 Das Grüne Band Deutschlands ................................................. 20
      3.2.2 Das Grüne Band Europas ......................................................... 21
   3.3 Allgemeine geografische Beschreibung des Grünen Bandes Europas ......... 24
      3.3.1 Das Fennoskandische Grüne Band – Fennoscandian Green Belt ......... 24
      3.3.2 Das Zentraleuropäische Grüne Band – Central European Green Belt .... 24
      3.3.3 Das Südosteuropäische Grüne Band – South Eastern European Green Belt .......................................................................... 25

4 Das Grüne Band im Spannungsfeld von Naturschutz und Tourismus .......... 27
   4.1 Überblick über die verschiedenen Formen von Tourismus ..................... 27
      4.1.1 Massentourismus ....................................................................... 27
      4.1.2 Verantwortungsvolle Formen von Tourismus ............................ 28
   4.2 Eignet sich das Grüne Band Europas für den Tourismus? .................. 34
   4.3 Tourismus am Grünen Band ............................................................... 36
      4.3.1 Vermarktung von Tourismus am Grünen Band ......................... 37
      4.3.2 Das touristische Angebot ........................................................... 37
      4.3.3 Die touristische Nachfrage ......................................................... 38
      4.3.4 Managementoptionen für Tourismus am Grünen Band ............ 39
      4.3.5 Biosphärenreservate – PAN-Parks ............................................ 39
      4.3.6 Umfassendes BesucherInnenmanagement ............................... 39
      4.3.7 Allgemeine Feststellungen über den Tourismus am Grünen Band ......... 40
   4.4 Eignet sich der Tourismus für das Grüne Band? ................................ 42

# 5 Beispiele für Touristische Nutzungen am Grünen Band ............ 45

5.1 Prespa-Ohrid Region .................................................................. 46

    5.1.1 Allgemeiner geografischer Überblick ................................... 46

    5.1.2 Gefährdungsfaktoren und Zielsetzung des Prespa-Nationalparks ......... 47

    5.1.3 Die Fauna der Prespa – Ohrid Region ................................... 49

    5.1.4 Die Flora der Prespa – Ohrid Region .................................... 49

    5.1.5 Tourismus in der Prespa – Ohrid Region ................................ 50

    5.1.6 Zusammenschau von Tourismus und Naturschutz im Gebiet ......... 51

5.2 Iron Curtain Trail (ICT) – Europa-Radweg Eiserner Vorhang ............ 51

    5.2.1 Allgemeine Informationen über den ICT ............................... 51

    5.2.2 Der Iron Curtain Trail im Spannungsfeld von Tourismus und Naturschutz ......... 52

# 6 Naturschutz & Tourismus: „Warum funktioniert das (nicht)?" ......... 55

6.1 Einleitung .................................................................................. 55

6.2 Auswirkungen der Aktivitäten von NaturtouristInnen ...................... 57

    6.2.1 Wandern .......................................................................... 57

    6.2.2 Radfahren ........................................................................ 58

    6.2.3 Mountainbiking ................................................................. 58

    6.2.4 Klettern ............................................................................ 58

    6.2.5 Reiten .............................................................................. 59

    6.2.6 Sportarten im Luftraum – Paragleiten, Segelfliegen ................. 59

    6.2.7 Wintersportarten ............................................................... 59

        6.2.7.1 Alpinschifahren – Snowboarden ................................. 59

        6.2.7.2 Schitouren, Snowboardtouren, Schneeschuhwandern ...... 60

    6.2.8 Wassersportarten .............................................................. 60

        6.2.8.1 Baden ....................................................................... 60

        6.2.8.2 Canyoning ................................................................ 60

        6.2.8.3 Kanu-, Kajakfahren .................................................. 61

    6.2.9 Motorisierte „Sportarten" .................................................. 61

    6.2.10 Zelten - Camping ............................................................ 62

    6.2.11 Naturbeobachtung - Birdwatching .................................... 62

6.3 Verhältnis von Tourismus und Naturschutz – Kann nachhaltiger Tourismus erreicht werden? ........................................................................... 65

    6.3.1 Finanzierung .................................................................... 67

    6.3.2 Trends im naturnahen Tourismus ....................................... 68

    6.3.3 Deckmäntelchen Ökotourismus .......................................... 69

6.3.4 Conclusio: Tourismus - Naturschutz ........................................................ 69
6.4 Schutzkategorien und deren Eigenschaften - Management ..................... 71
    6.4.1 IUCN-Schutzkategorien ...................................................................... 72
    6.4.2 UNESCO-Schutzkategorien ................................................................ 72

# 7 Diskussion ........................................................................................................ 75

# 8 Literaturverzeichnis ........................................................................................ 79

# 9 Abbildungs-, Tabellen- und Abkürzungsverzeichnis ................................... 85

# 10 Anhang ............................................................................................................ 87
A.1 Übersichtstabelle ........................................................................................ 88
A.2 Tier- und Pflanzenartentabelle ................................................................... 92
A.3 Quer durch das Grüne Band Europa     - Allgemeiner Überblick ............ 94
A.4 Überblickskarte .......................................................................................... 107

# 1 Einleitung

Entlang dem Eisernen Vorhang, der sich für rund 40 Jahre quer durch Europa erstreckte, sind große Gebiete zu politischen und wirtschaftlichen Randlagen geworden. In diesen Grenzregionen blieb aufgrund der Abgeschiedenheit und dadurch, dass sie oft militärisches Sperrgebiet waren, vieles erhalten, was sonst durch menschliche Intensivnutzungen der Industrialisierung verloren gegangen ist. So finden sich entlang des ehemaligen Eisernen Vorhangs heute viele Flächen von höchstem ökologischem Wert.

„Wie an einer Perlenschnur reihen sich ursprüngliche Wälder, stille Seenlandschaften, unberührte Küsten, ungezähmte Flüsse, einsame Gebirge und traditionelle vielgestaltige Kulturlandschaften entlang der ehemaligen Grenze auf."[1]

Heute bieten genau diese Flächen, sogenannte „Perlen am Grünen Band", letzte Rückzugsmöglichkeiten für seltene und gefährdete Arten. So finden sich am Grünen Band Fischotter, Wolf, Luchs, Braunbär und in den Feuchtgebieten viele verschiedene Vogelarten. In seiner Gesamtheit stellt das Grüne Band ein wichtiges Rückgrat des europäischen Biotopverbunds dar. Seine wirtschaftlich marginalisierten und gerade aufgrund stehengebliebener Entwicklung naturschutzfachlich höchst wertvollen Gebiete mit dem Bild „einer heilen Welt" sind jedoch heute gerade für den Tourismus äußerst interessant.

„Ebenso vielseitig wie die Möglichkeiten sich in der Natur zu vergnügen sind allerdings auch die Belastungen und Störungen der Natur durch den Tourismus. Bevor die eigentliche Interaktion zwischen Tourist und Umwelt beginnt, fällt der Energieverbrauch durch die Reise und für die Reiseinfrastruktur negativ ins Gewicht. Darauf folgen Belastungen durch Wohninfrastruktur, Energie- und Wasserverbrauch sowie Abfall und Entsorgung."[2]

Somit beginnt der Konflikt zwischen dem Naturschutz[3], dem ursprünglichen Ziel des Grünen Bandes, und dem heute aufkommenden Tourismus. Genau um dieses Spannungsfeld geht es in dieser Arbeit. Das Europäische Grüne Band wird in Hin-

---

[1] RIEKEN und ULLRICH, 2009, S. 397
[2] ZHAW-IUNR, o.J., S. 2
[3] Definition von Naturschutz: „[gesetzliche] Maßnahmen zum Schutz, zur Pflege u. Erhaltung von Naturlandschaften, Naturdenkmälern o. Ä. od. von seltenen, in ihrem Bestand gefährdeten Pflanzen und Tieren" (RAT DER WISSENSCHAFTLICHEN DUDENREDAKTION, 2003)

blick auf Naturschutz und Tourismus untersucht. Die Forschungsfrage lautet: Gibt es einen Zielkonflikt zwischen dem Tourismus und dem Naturschutz am Grünen Band Europas?

Doch nicht nur durch Tourismus ist das Grüne Band Europas bedroht, auch der Handel kann die einzigartige Natur gefährden. Aufgrund der u.a. durch die EU-Erweiterung 2004 verstärkten Handelsbeziehungen wird ergo auch die dazu nötige Infrastruktur massiv ausgebaut:

*"Transport infrastructure is fundamental for the smooth operation of the internal market, for the mobility of persons and goods and for the economic, social and territorial cohesion of the European Union. The EU 27 comprises 5.000.000 km of paved roads, out of which 65.100 km are motorways, 212.80 km of rail lines, out of which 110.458 km electrified, and 42.709 km of navigable inland waterways. The total investment on transport infrastructure during the period 2000-2006 was € 859 billion (...)"*[4]

Dieses Streben nach verstärktem Handel, wirtschaftlichem Wachstum und dem damit verbundenen starken infrastrukturellen Aufbau stellt eine Bedrohung für zusammenhängende, aber auch einzelne Schutzgebiete dar. *„Massentourismus, Freizeitwirtschaft, Zweitwohnsitze und Energiesektor (Gaspipelines, Pufferspeicher) gelten in manchen Staaten noch immer als fortschrittliche Formen der Landnutzung."*[5] Eine Zerstücklung der Kette von Schutzgebieten und eine Verringerung der Korridor-Funktion sind die Folgen. Der Schutz des Biotopverbundsystems vor Zerschneidung durch Straßen ist eine wichtige raumplanerische Herausforderung der einzelnen Regionen, auf die jedoch in Hinblick auf den Rahmen dieser Arbeit nicht eingegangen werden kann. Eine weitere Herausforderung stellt der Tourismus dar, der in einigen Regionen neuen Aufschwung erlebt und boomt. Das heutige Grüne Band kann aufgrund der genannten Einflüsse als bedroht und äußerst schützenswert angesehen werden.

---

[4] http://ec.europa.eu/transport/infrastructure/index_en.htm
[5] LANG et al., 2009, S. 405

# 2 Methode

## 2.1 Literaturübersicht

Der Eiserne Vorhang wurde 1989, also vor 22 Jahren, durchtrennt. Im selben Jahr erfolgte die Verfassung einer Resolution über das Grüne Band von Naturschützern sowohl der BRD als auch der DDR. Deren Inhalt lautet:
*„Der Grenzstreifen zwischen der Bundesrepublik und der Deutschen Demokratischen Republik ist als grünes Band und als ökologischer Rückgrat Mitteleuropas vorrangig zu sichern, d.h. es muß umgehend eine einstweilige Sicherstellung dieser Gebiete in der DDR und BRD erfolgen. Darüber hinaus sollen großflächige grenzüberschreitende Schutzgebiete errichtet oder miteinander vernetzt werden. Die Detailkonzeption sollte vom Institut für Landschaftsforschung und Naturschutz (ILN) und von der Bundesforschungsanstalt für Naturschutz und Landschaftsökologie (BFANL) durchgeführt werden. Bei der Detailkonzeption sind die Bedürfnisse der ortsansässigen Bevölkerung zu berücksichtigen. Diese Forderung ist keine nachträgliche Rechtfertigung der Grenze."*[6]

Das Europäische Grüne Band ist ein recht junges Thema. Somit war es einfach, Literatur ab dem Jahr 2000 zu finden. Besonders über den deutschen Abschnitt des Grünen Bandes gibt es ausreichend (deutsch- und englischsprachige) Literatur.

In Deutschland hat das heutige Grüne Band vermutlich auch einen höheren Bekanntheitsgrad als in Österreich, obwohl im Jahr 2009 in Linz, der damaligen Kulturhauptstadt Europas, im Schlossmuseum eine Ausstellung zum Thema stattfand.
Im Internet sind sogar virtuelle Führungen bzw. Besichtigungen des deutschen Grünen Bandes möglich.[7]
Über die Abschnitte an der finnisch-russischen, aber auch an der bulgarisch-griechischen und der bulgarisch-türkischen Grenze ist es schwieriger deutsche oder englische Literatur zu finden. Hier erwies sich die offizielle Homepage des European Green Belt als hilfreich.[8]

---

[6] Erste 1989 von Naturschützern aus Ost und West verabschiedete Resolution zum Grünen Band
FROBEL et al., 2009, S. 400
[7] vgl. http://www.bund.net/bundnet/themen_und_projekte/gruenes_band/auf_google_earth_erleben/
[8] vgl. http://www.europeangreenbelt.org/

Für die theoretische Hauptaussage wurde zusätzlich noch nach Literatur über das Verhältnis von Naturschutz und Tourismus recherchiert. Einige deutsch- und englischsprachige Werke sind in die allgemeinen Betrachtungen eingeflossen.

## 2.2 Problemlösungsweg

Im Zuge dieser Arbeit wurde hauptsächlich Literaturrecherche zum Erkenntnisgewinn betrieben. Die vorwiegend aktuelle Literatur wurde mit Hilfe verschiedener Medien gefunden. Bücher, aber auch Zeitschriften und das Internet erwiesen sich als gute Quellen. Im Internet waren besonders die Seiten der Naturschutzorganisationen und -ämter[9], die sich für die Implementierung und den Erhalt des Grünen Bandes eingesetzt haben und noch immer einsetzen, sehr hilfreich. Auch Google Scholar ergab einige nützliche Treffer.

Die Entwicklung des Grünen Bandes wird zuerst anhand seiner Geschichte erklärt. Es folgt ein kurzer Überblick über die Geografie und Vielfalt des Green Belt Europe. Eine ausführliche Beschreibung von besonderen Gebieten in seinen – naturschutzfachlichen – Besonderheiten, aber auch den potentiellen Gefährdungen ist im Anhang zu finden.

Das Hauptaugenmerk ist auf das allgemeine theoretische Spannungsfeld zwischen bzw. das Verhältnis von Naturschutz und Tourismus gelegt. Im Anschluss daran sind praktische Beispiele anhand konkreter Gebiete mit Vor- und Nachteilen angeführt.

---

[9] u.a. Hompages von EuroNatur, BfN u. Umweltbundesamt

# 3 Das Grüne Band Europas

## 3.1 Geschichte: „Wie kam es zum Grünen Band?"

### 3.1.1 Der Eiserne Vorhang

Das heutige Grüne Band Europas als Lebenslinie und wertvolles Biotopverbundsystem ist eng mit der europäischen Geschichte verbunden. Bis 1989 befand sich auf demselben Gebiet der Eiserne Vorhang, eine Grenze, die durch Stacheldrähte, Minenfelder, Selbstschussanlagen und Wachtürme eine Todeszone war. Der Eiserne Vorhang teilte Europa ca. 40 Jahre lang in zwei voneinander getrennte Hälften und stellte eine, für Menschen beider Seiten, beinahe unüberwindbare Grenze dar.[10]

*„16,9 Millionen Menschen deutscher Abstammung"*[11] wurden aus weiten Teilen Osteuropas vertrieben, ca. 400.000 starben dabei. Nach 1945 waren neben großen Teilen Asiens auch *„(...) große Teile Europas unter kommunistischer Herrschaft: die Baltischen Staaten, (...) Polen, die Tschechoslowakei, Ungarn, Jugoslawien, Rumänien, Bulgarien und Albanien. Auch der sowjetisch besetzte Teil Deutschlands, der 1949 endgültig vom restlichen Deutschland abgetrennt und als eigener Staat mit dem Namen Deutsche Demokratische Republik errichtet wurde, wurde in den sozialistischen Block einbezogen."*[12]

Nachdem das militärische Vordringen des Kommunismus den Westen bedrohte, begann der Kalte Krieg mit seinem gigantischen Wettrüsten. Die Welt war in zwei Blöcke geteilt (die Westmächte und den sowjetischen Ostblock) und diese waren durch den sogenannten Eisernen Vorhang (im geteilten Deutschland ab 1949) voneinander abgeschottet.

Der ursprünglich aus dem Theater kommende Begriff Eiserner Vorhang war seit dem 19. Jahrhundert gebräuchlich. Er meinte eine Brandschutzeinrichtung, welche dazu da war, durch Feuereffekte häufig vorkommende Brände auf der Bühne durch

---

[10] Nach dem Zweiten Weltkrieg herrschte noch immer Gewalt und Chaos in Europa. Die Siegermächte (die USA, Großbritannien und die Sowjetunion) trafen sich in Potsdam, um die „Nachkriegsordnung" mit dem Potsdamer Abkommen festzusetzen. Winston Churchill (Großbritannien), Harry Truman (USA) und Josef Stalin (Sowjetunion) verhandelten über die neuen Grenzen, die Neuordnung und auch über Zwangsumsiedelungen, die als Antwort auf die nationalsozialistischen Gräueltaten aufgefasst werden können.
[11] SANDGRUBER und LOIDOL, 2009, S. 6
[12] ebda., S. 1

Fallenlassen des Eisernen Vorhangs vom Publikum zu trennen. Doch im darauf folgenden Jahrhundert kam es zu einem politischen Gebrauch des Begriffs.

Nach dem Zweiten Weltkrieg ermöglichte der Marshallplan dem freien Westen ein enormes Wirtschaftswachstum, ganz im Gegensatz zu den zur Sowjetunion gehörenden Blockstaaten, in denen hauptsächlich auf Rüstungs- und Schwerindustrie gesetzt wurde und Lebensmittel und Konsumgüter ständig begrenzt waren.

*„Der sich verschärfende Ost-West-Gegensatz und der Kalte Krieg ließen den Eisernen Vorhang zur machtpolitischen, ökonomischen und militärischen Grenze zwischen der westlichen demokratischen Welt und einem Block kommunistischer Diktaturen im Osten Europas und zu einer das totalitäre System des Kommunismus repräsentierenden, todbringenden Trennwand werden. Im nuklearen Gleichgewicht des Schreckens trennte ein eiserner Zaun die Blöcke. Die Berliner Mauer 1961 schloß das letzte noch durchlässige Stück."*[13]

Im Jahr 1965 wurden auch die ungarisch-österreichische und die tschechisch-österreichische Grenze ausgebaut.

*„Das kommunistische System konnte seinen Bestand nur durch eine absolute Abschirmung von äußeren Einflüssen und Verbindungen sichern. So war es aus der Sicht der kommunistischen Machthaber nur folgerichtig, daß in einem letzten Schritt ab 1949 alle Grenzen, auch die zwischen den einzelnen kommunistischen Staaten, hermetisch abgeriegelt wurden. Die Übergänge zum Westen wurden stark befestigt und streng bewacht. Die Grenzen waren als Todesstreifen eingerichtet. Die Bevölkerung in den kommunistisch-totalitären Diktaturen mußte ein Leben in Isolation, in einer Art "Wohnhaft", in einem Gefängnis, das niemand verlassen, dessen Mauern nichts durchdringen und dessen Grenzen niemand überwinden sollte, erdulden."*[14]

Es war den Blockstaaten, aufgrund von militärischer Gewalt aus Moskau, nicht möglich, sich von der Sowjetunion zu lösen. Nur Albanien und in geringerem Grad auch Rumänien gelang eine Abschottung (daher ist Albanien auch auf drei Seiten vom heutigen Grünen Band umschlossen). Unter Tito öffnete Jugoslawien, wenn auch mit Einschränkungen, seine Grenzen für Handel und Tourismus.

---

[13] ebda., S. 5
[14] SANDGRUBER und LOIDOL, 2009, S. 9

Nach Stalins Tod 1953 kam es aufgrund der Unzufriedenheit der Bevölkerung der einzelnen Blockstaaten laufend zu Demonstrationen und Aufständen, die jedoch mit militärischer Gewalt niedergeschlagen wurden. Unter der auf Schwerindustrie ausgerichteten Wirtschaft litten aber der Dienstleistungsbereich, die Infrastruktur, aber auch die gesamte Computerentwicklung. Anstelle von Investitionsgütern wurden immer mehr Energie- und Rohstoffe exportiert, durch Misswirtschaft und Korruption erlahmte die Wirtschaft immer mehr.

1985 wurde Michail Gorbatschow, kurz vor dem noch nicht absehbaren Ende der Sowjetunion, Generalsekretär der Kommunistischen Partei der UdSSR und versuchte Reformen durchzuführen. In Polen kam durch Arbeiter- und Intellektuellenmassenbewegungen wieder die Opposition an die Regierung und in Ungarn begannen die Reformen. Am 2. Mai 1989 startete der Abbau der Grenze zu Österreich, wenig später[15] kam es am Grenzübergang Klingenbach-Sopron (Ödenburg) offiziell zur Durchtrennung. Nach dem Pan-Europäischen Picknick der Opposition, bei dem tausende Menschen beim Fertő-Hanság Nationalpark zusammenkamen und einige DDR Bürger nach Österreich flüchten konnten, wurde die Grenze von 10. auf 11. September endgültig von Ungarn geöffnet.

In der DDR selbst trat das SED[16]-Politbüro nach vielen Demonstrationen zurück und am 9. November 1989 kam es unter Günter Schabowski, einem neu gewählten Mitglied, zur gesamten Grenzöffnung zur BRD - die Wende wurde eingeleitet. Schnell wurden provisorische Grenzübergänge gebaut, um die Zeit bis zum kompletten Abbau der Grenze zu überbrücken. Auch in der Tschechoslowakei ereignete sich Vergleichbares und am 11. Dezember 1989 wurde der Stacheldraht beim damaligen österreichisch-tschechoslowakischen Grenzübergang Wullowitz durchtrennt.[17] [18]

---

[15] am 27. Juni
[16] Sozialistische Einheitspartei Deutschlands
[17] vgl. SANDGRUBER und LOIDOL, 2009, S. 1–22
[18] vgl. MOLDEN, Berthold in WRBKA et al., 2009, S. 10-14

## 3.1.2 Die Wiedervereinigung Deutschlands

Helmut Kohl, der damalige Bundeskanzler der BRD, verhandelte mit Michail Gorbatschow, dem damaligen Generalsekretär des Zentralkomitees der Kommunistischen Partei der Sowjetunion und ab März 1990 Präsident der Sowjetunion, über die Wiedervereinigung Deutschlands. Am 3. Oktober 1990 kam es dann nach vier Jahrzehnten des geteilten Deutschlands zum Beitreten der DDR zur BRD und somit zur Wiedervereinigung. Bis zum Ende des Jahres 1990 folgte die weitere Auflösung der UdSSR. Litauen, Lettland und Estland, durch die das heutige Grüne Band läuft, aber auch die asiatischen Staaten, u.a. Tadschikistan und Kasachstan, wurden unabhängig und der „Kalte Krieg" fand sein Ende.[19] [20]

## 3.2 Entstehung des Grünen Bandes

### 3.2.1 Das Grüne Band Deutschlands

Kai Frobel gilt als der Initiator des Grünen Bandes. Er wuchs in Mitwitz im heutigen Bayern auf und schon als Jugendlichem war ihm der außerordentliche Vogelreichtum der Grenzflächen aufgefallen. Auf 140 Kilometern wurde ein Abschnitt der Grenze vom Bund Naturschutz (dem Bayrischen Landesverband des BUND[21]) vogelkundlich kartiert und der Wert des von intensiv genutzter Agrarlandschaft umgebenen Grenzstreifens festgestellt. Interessant ist, dass ausgerechnet der ehemalige militärische Sicherheitsstreifen, in dem es regelmäßig Todesopfer gab, nicht unbedingt Naturschutzgedanken aufkommen lässt. Trotzdem gelang die Umwandlung von einer Todeszone in eine Lebenslinie. Das Bild eines auf einem DDR-Grenzpfahl balzenden Braunkehlchens wurde zu einem für die Artenvielfalt stehenden Symbol.

Nach dem Fall des Eisernen Vorhangs kam es zum Kontaktaufbau mit DDR-NaturschützerInnen und, um die wertvollen Abschnitte zu erhalten, zum teilweisen Flächenankauf. Am 9. Dezember 1989 fand ein erstes Treffen von Naturschützern der BRD und der DDR in Hof statt. Eine einstimmige Resolution wurde verfasst, die die Sicherung der Naturschätze und die Errichtung von grenzüberschreitenden Schutzgebieten zum Ziel hat. Nach der Wiedervereinigung war es wichtig, die vielen

---

[19] vgl. SANDGRUBER und LOIDOL, 2009, S. 1–22
[20] vgl. MOLDEN, Berthold in WRBKA et al., 2009 S. 10-14
[21] Bund für Umwelt und Naturschutz Deutschland

wertvollen Biotope vor raschem Umpflügen zu schützen – daher starteten BUND und BN u.a. mit Ausstellungen und Pressefahrten und dem Verteilen von Faltblättern. 2001 erfasste das Bundesamt für Naturschutz (BfN) gemeinsam mit dem BUND auf dem gesamten deutschen Bundesgebiet die Flächen des Grünen Bandes. 2005 wurden die Flächen des Bundes den einzelnen Bundesländern Deutschlands mit der Zielbestimmung Naturschutz übertragen. Doch noch immer ist die Ausweisung von fehlenden Schutzgebieten durchzuführen, ebenso wie der Flächenerwerb der restlichen Flächen durch den BUND.[22]

### 3.2.2 Das Grüne Band Europas

*„Die einzigartige Vielfalt der europäischen Landschaften entlang des Grünen Bandes zeigt sich auch in der enormen Anzahl von 3.272 Naturschutzgebieten in einem Bereich von 25 Kilometern beiderseits des mindestens 12.500 km langen Grenzverlaufes und unterstreicht die Wichtigkeit dieser Initiative für den Naturschutz."*[23]

Anders als der Name Grünes Band vermuten lässt, ist das Gebiet nicht durchgängig geschützt – sondern kann vielmehr als Netz von geschützten Gebieten beschrieben werden, die – in ihrer Gesamtheit - Trittsteine quer durch Europa bilden.[24]

Michail Gorbatschow, der wesentlich am Abbau der Todeszone beteiligt war, wurde 2002 vom damaligen deutschen Umweltbundesminister Trittin erstmals zur heutigen Lebenslinie eingeladen. Der BUND und das BfN unterbreiteten ihm einen Vorschlag für ein „Grünes Band Europas". Es gelang, die seit den 90er Jahren initiierten Teilabschnitte, wie das „Fennoscandian Green Belt" und das „Balkan Green Belt", zu verknüpfen.[25] 2003 wurde vom BfN eine internationale Konferenz organisiert, an der die meisten Anrainerstaaten teilnahmen, und die Errichtung einer internationalen Arbeitsgruppe wurde besprochen. Die übergeordnete Koordination wurde der IUCN[26] übertragen, die dann im September 2004 ein Treffen in Ungarn am Neusiedler See organisierte, bei dem ein Arbeitsprogramm (Programme of Work, PoW) festgelegt wurde, das heute die Grundlage für die Green Belt Initiative darstellt und u.a. auch

---

[22] vgl. FROBEL, Kai in WRBKA et al., 2009, S. 16-19
[23] RENETZEDER, Christa; WRBKA, Thomas; GRÜNWEIS, Franz Michael in WRBKA et al., 2009, S. 31
[24] vgl. TERRY et al., 2006, S. 42
[25] vgl. FROBEL, Kai in WRBKA et al., 2009, S. 19
[26] International Union for Conservation of Nature and Natural Resources

die Regionalkoordinatoren benennt.[27] Zur Umsetzung von Projekten des Grünen Bandes werden auch EU INTERREG Programme genutzt, die grenzübergreifendes Handeln und Zusammenarbeiten fördern sollen.[28] Neben dem Erhalt der Natur ist auch die Etablierung einer nachhaltigen Regionalentwicklung Ziel der IUCN.[29]

Um den Wert des Grünen Bandes aufzuzeigen und um Maßnahmen koordinieren zu können, wurde von der Initiative „Grünes Band Europa" eine große landschaftsökologische Kartierung in Form eines GIS Projektes gemacht. Aus den Karten gehen eindeutig die vielen Schutzgebiete (mit Namen und Schutzkategorie) hervor. Es wird zwischen Kerngebieten, Clustern, Linearen Korridoren und Satellitengebieten unterschieden.[30] Als Kerngebiete werden Nationalparke, große FFH- oder Vogelschutz-Gebiete und große Naturschutzgebiete bezeichnet, als Cluster mittlere bis große Gebiete, die nahe, bzw. in einem Umfeld von 25 Kilometern beiderseits des ehemaligen Eisernen Vorhangs liegen. Satellitengebiete sind Gebiete, die sich rund um Kerngebiete befinden.[31]

Heute erstreckt sich das Grüne Band Europas als internationales Naturschutzprojekt entlang der 24 beteiligten Staaten von der Subarktis bis zur Schwarzmeerküste. Auf diesen 12.500 Kilometern repräsentiert es alle wichtigen Landschaften und Ökoregionen Europas.

Kennzeichnend für die Flächen des Grünen Bandes ist, dass die nach dem 2. Weltkrieg einsetzende Industrialisierung, im Westen aufgrund der wirtschaftlich marginalisierten Lage, im Osten aufgrund der Sperrgebiete, (meist) nicht stattfand.

Ziele sind der Erhalt von Wildnisgebieten und von urtümlichen Kulturlandschaften[32], deren Vernetzung und Schutz u.a. vor Infrastrukturmaßnahmen. Es steht der Prozess im Vordergrund, vieles ist erst im Entstehen und muss noch umgesetzt werden. Die Ziele sollen durch eine Kette von Modellen nachhaltiger Regionalentwicklung erreicht werden.[33]

*„Das Grüne Band ist heute eine friedliche Spur in der Landschaft. Sie läuft entlang*

---

[27] vgl. RIEKEN, Uwe und ULLRICH, Karin in WRBKA et al., 2009, S. 20-25
[28] vgl. TERRY, et al., 2006, S. 58
[29] ebda.
[30] vgl. http://www.europeangreenbelt.org/005.database_gallery.maps.html
[31] vgl. SCHLUMPRECHT, Helmut und LUDWIG, Franka in WRBKA et al., 2009, S. 295-296
[32] Kulturlandschaft ist *„vom Menschen umgestaltete Naturlandschaft"* (RAT DER WISSENSCHAFTLICHEN DUDENREDAKTION, 2003)
[33] vgl. FROBEL, Kai in WRBKA et al., 2009, S. 19

*grandioser europäischer Natur- und Kulturlandschaften. Das Grüne Band hat aber nicht nur eine überregionale Bedeutung für den Naturschutz. Es ist für kommende Generationen auch ein lebendiges ökologisches Denkmal der früheren Teilung Europas. Es trennt nicht mehr, es verbindet Menschen in einem zusammenwachsenden Europa. Und vielleicht ist es auch eine Vision für andere Grenzen der Welt, die einem Miteinander von Mensch und Natur weichen.“*[34]

Abbildung 1: Zuständigkeiten am Grünen Band: Die drei Regionalkoordinatoren
http://www.erlebnisgruenesband.de/gruenes-band/europa/paneuropaeische-initiative.html, eigene Überarbeitung

---

[34] FROBEL, Kai in WRBKA et al., 2009, S. 19

## 3.3 Allgemeine geografische Beschreibung des Grünen Bandes Europas

Die verschiedenen Abschnitte des Grünen Bandes werden im Folgenden grob und im Anhang detailliert textlich beschrieben.[35]

### 3.3.1 Das Fennoskandische Grüne Band – Fennoscandian Green Belt

Das Fennoskandische Grüne Band beginnt ganz im Norden Europas an der von Fjorden geprägten Küste der Barentssee in Norwegen und bildet dort mit dem weiter südlich anschließenden Finnland die Grenze zu Russland. Das „Fennoscandian Green Belt" ist ca. 1350 km lang und die Größe der Schutzgebiete beträgt ca. 13.100 km². [36] Im Vergleich zur Größe Österreichs ist dieses etwas größer als Tirol (mit 12.640 km²). Die Vereinigung der Zapovediks[37] und Nationalparke Nordwest-Russlands haben die Koordinationsfunktion übernommen.[38]

### 3.3.2 Das Zentraleuropäische Grüne Band – Central European Green Belt

Dieser Abschnitt beginnt an der Ostseeküste der Baltischen Staaten (Estland, Lettland und Litauen), gefolgt von Kaliningrad (der zur Russland gehörenden Exklave), der Nordküste Polens und Deutschlands (bis Travemünde). Von dort geht es dann entlang des ehemaligen Eisernen Vorhangs zwischen ehemaliger BRD und DDR bis zur Deutsch-tschechischen Grenze, weiter im Südosten dann entlang der Grenze zu den österreichischen Nachbarländern, Tschechien, Slowakei, Ungarn und Slowenien. An der italienisch-slowenischen Grenze gelangt ein erster Abzweiger des Grünen Bandes zur Adria. Die Flussniederungen der Donau, Theiß, Drau und Mur sind aufgrund der meist vorherrschenden intensiv genutzten Agrarflächen in diesen Gebieten besonders wichtige Habitate. Das „Central European Green Belt" ist ca. 4839km lang und der BUND (mit seinem Projektbüro Grünes Band) hat die Koordinationsfunktion inne.[39]

---

[35] Dort findet sich auch ein Überblick in Tabellenform. Zur leichteren Orientierung empfiehlt es sich die Landkarte –ganz hinten im Anhang – auszuklappen (Abb. 6). Die in Klammern [ ] angegebenen Ziffern finden sich dort wieder.
[36] vgl. TERRY et al., 2006, S. 37 u. 40
[37] Flächen mit besonderem Schutz in der ehemaligen Sowjetunion und im heutigen Russland
[38] vgl. RIEKEN, Uwe und ULLRICH, Karin in WRBKA et al., 2009, S. 24
[39] vgl. TERRY et al., 2006, S. 46

### 3.3.3 Das Südosteuropäische Grüne Band – South Eastern European Green Belt

Am Dreiländereck von Österreich, Slowenien und Ungarn zieht sich das Grüne Band entlang der kroatisch-ungarischen weiter zur serbisch-rumänischen Grenze. Bei der serbisch-bulgarischen Grenze geht es über die Berge des Stara Planina [24] und zwischen Mazedonien und Bulgarien über die Berge Ogražden, Maleševska und Vlahina [25] weiter. Entlang der mazedonisch-griechischen Grenze mit den Berlasica- und Kerkini-Bergen verläuft eine Abzweigung des Grünen Bandes, vorbei an dem Ohrid-, dem Kleinen und dem Großen Prespasee [27], nach Albanien. Diese Seen sind von den Bergen Pelister, Galičica, Mal i Thatë und Jablanica [28] umgeben und beherbergen zahlreiche Wasservogelarten, wie z.B. den Krauskopfpelikan *(Pelecanus crispus)*. Hier konnte sich sogar eine eigenständige Forellenart – die Ohridforelle *(Salmo letnica)* - entwickeln. Aufgrund der einstigen kompletten politischen Isolierung Albaniens[40], verlaufen bis auf die Adriaküste rund um dieses Land zwei Abzweiger des Grünen Bandes.

An der albanisch-montenegrischen Grenze hat das Grüne Band Balkan mit den Korab-Bergen seine höchste Erhebung erreicht. Im Norden Albaniens über die Prokletije-Berge entlang der serbisch-montenegrischen Grenze macht das Grüne Band Europas den zweiten Abstecher zur Adria und im Süden entlang der Grenze zu Griechenland den dritten.

Der Hauptverlauf des Grünen Bandes erfolgt dann über die Kožuf-Berge und den Kajmakčalan zwischen Mazedonien und Bulgarien entlang der bulgarisch-griechischen und dann entlang der bulgarisch-türkischen Grenze – entlang der Rhodopen - bis zum Schwarzen Meer. Zum Teil ist das Biotopverbundsystem hier bis zu 50 km breit. In diesem letzten Abschnitt liegt auch die heutige – stark ausgebaute - EU-Außengrenze.

Das Grüne Band stellt besonders in Südosteuropa eine Chance dar, die Länder untereinander wieder zu verbinden und eine Kette von Schutzgebieten zu errichten.

Am Balkan verläuft die Lebenslinie vor allem entlang artenreicher Gebirge (Alpen, Karpaten, Rhodopen, Dinariden), die aufgrund der südlichen Lage auch schon zahlreiche wärmeliebende, spezialisierte alpine Arten aufweisen. Dominierend sind Kiefernwälder und sommergrüne Eichenwälder. Da die Landnutzung hauptsächlich in

---

[40] ca. ab dem Jahr 1970

tieferen Lagen erfolgte, sind noch Reste von Wildnis erhalten geblieben, aber auch die geschaffenen Kulturlandschaften mit Weideland, Hecken und kleinen Dörfern sind sehr artenreich. Viele alte Haustierrassen sind weitverbreitet und die hügeligen Gebiete bieten ideale Bedingungen für ländlichen Tourismus. Auch die Feuchtgebiete, wie Küsten, Flüsse und Seen, sind sehr wichtig. Leider steigt in letzter Zeit der Druck in alpinen Regionen durch Tourismus und Forstwirtschaft und in den Küstenregionen durch Tourismus und Fischerei.

*„In Albanien, Kroatien und Montenegro konzentrieren sich die Jäger auf die Küstenbereiche. So entsteht ein enormer Jagddruck, denn genau hier liegen die wenigen intakten Rastplätze der Zugvögel. Nach einem kräftezehrenden Flug über das Mittelmeer kommen die Tiere völlig erschöpft an der Küste an, wo sie anstatt Ruhe zu finden bereits von den Jägern erwartet werden."*[41]

Auch die Initiative Trans-European Transport Networks (TEN-T), die den Warenaustausch fördern will, bedroht durch geplante Straßenbauprojekte, wie die N4 Autobahn von Athen nach Sofia, die Konnektivität des Grünen Bandes.
EuroNatur arbeitet am Balkan als Regionalkoordinator und hat somit jede Menge an Herausforderungen zu meistern.[42]

---

[41] EuroNatur-Kampagne "Tatort Adria - Vogeljagd auf dem Balkan"
[42] vgl. TERRY et al., 2006, S. 69

# 4 Das Grüne Band im Spannungsfeld von Naturschutz und Tourismus

## 4.1 Überblick über die verschiedenen Formen von Tourismus

Laut Duden wird unter Tourismus das „*Reisen,* [bzw.] *der Reiseverkehr [in organisierter Form] zum Kennenlernen fremder Orte u. Länder zur Erholung*"[43] verstanden. Ein/e TouristIn, der/die auch „*Urlaubsreisende[/]r*" genannt werden kann, ist jemand „ *der*[/die] *reist, um fremde Orte u. Länder kennen zu lernen.*"[44] Je nach Reiseform können verschiedene Formen von Tourismus voneinander unterschieden werden. Im Folgenden soll ein Einblick gegeben werden.

### 4.1.1 Massentourismus

Als Massentourismus wird ein „*in großem Umfang betriebener Tourismus für breite Schichten der Bevölkerung*"[45] definiert. Gewöhnliche Strandurlaube in diversen, oftmals all-inklusive Ressorts zählen z.B. dazu. „*Massentourismus kann man auch als Harten Tourismus bezeichnen, wobei die Massentouristen wenig Zeit verbringen, schnelle Verkehrsmittel benutzen und ein festes Programm planen. Den Aufenthalt erleben sie passiv und bequem, sie brauchen keine Fremdsprache kennen und (...) Shopping* [gehört zu einer der Haupttätigkeiten.]"[46]

Doch sarkastischer Weise tragen gerade diese MassentouristInnen zur hohen Wachstumsrate im naturnahen Tourismus bei. Das eintägige Aufsuchen von Schutzgebieten stellt eine beliebte Abwechslung und Attraktion zum vordergründigen Strandurlaub bzw. zu einer Kreuzfahrt dar.[47] So ist seit den 1990er Jahren der Ökotourismusanteil pro Jahr zwischen 20 und 34% gestiegen. Das heißt jedoch noch lange nicht, dass Massentourismus im Wandel begriffen ist. Schätzungen zufolge wird der Ökotourismus in Zukunft ca. 25% des weltweiten Umsatzes im Tourismusbereich ausmachen. Wandern, Radfahren, Kajakfahren, Tauchen etc. sind Teil dieses Wachstums und machen einen wesentlich höheren Anteil aus als komfortar-

---

[43] RAT DER WISSENSCHAFTLICHEN DUDENREDAKTION, 2003
[44] ebda.
[45] ebda.
[46] MOHYLOVA, 2008, S. 13
[47] vgl. DANIELLI und SONDEREGGER, 2009, S. 149

me Outdoor-Abenteuer oder spezialisierte Naturbeobachtung.[48] Laut Experten haben ökologische Resorts und Hotels einen Marktvorteil, besonders bei frühzeitigem Umstieg.[49]

### 4.1.2 Verantwortungsvolle Formen von Tourismus

Wie in der Einleitung gezeigt, kann ungelenkter konventioneller Massentourismus seine Grundlagen – die Natur – zerstören. Aufgrund von Kritik seitens der Reisenden und Bereisten wurde vermehrt verantwortungsvoller Tourismus nachgefragt. Nach TIES sind Abenteuer-, Öko-, Geo-, Naturtourismus, Naturnaher, Armenfördernder, Verantwortungsvoller, Nachhaltiger Tourismus und Kulturtourismus verschiedene Kategorien von verantwortungsvollem Tourismus[50] und gemäß dem Prinzip der Nachhaltigkeit entwickelt. Nachhaltige Formen von Tourismus sind z.B. nachhaltiger Tourismus, sanfter Tourismus und naturnaher Tourismus.[51]

Im Brundtland-Bericht[52] wurde nachhaltige Entwicklung folgendermaßen definiert:
*„«Nachhaltige Entwicklung ist eine Entwicklung, welche die heutigen Bedürfnisse zu decken vermag, ohne für künftige Generationen die Möglichkeit zu schmälern, ihre eigenen Bedürfnisse zu decken.»"*[53]

**Nachhaltiger Tourismus**

*„Nur unter Einbezug und Berücksichtigung der drei Dimensionen Umwelt, Wirtschaft und Gesellschaft ist es möglich, den ökonomischen Nutzen mit der Minimierung der ökologischen Belastungen zu verbinden und somit eine positive Wechselwirkung zwischen Naturschutz und Tourismus [auch in Zukunft] zu erreichen."*[54]

Früher wurde der ökonomische Wohlstand oft als oberstes Ziel gesehen, ohne dessen Erreichung ökologische und soziale Probleme hintan gestellt wurden. Doch aufgrund der Gleichberechtigung von Umwelt, Wirtschaft und Gesellschaft ist diese altbekannte Argumentation nicht mehr legitim.[55]

---

[48] vgl. ebda., S. 22 ff u. 74
[49] vgl. DANIELLI und SONDEREGGER, 2009, S. 22 ff u. 74
[50] vgl. DANIELLI und SONDEREGGER, 2009, S.18
[51] ZHAW-IUNR, o.J., S. 6
[52] herausgegeben von der Weltkommission für Umwelt und Entwicklung
[53] Brundtland-Bericht in DANIELLI und SONDEREGGER, 2009, S.31
[54] ZHAW-IUNR, o.J., S. 6
[55] vgl. DANIELLI und SONDEREGGER, 2009, S. 31

Je nach AutorIn wird der Begriff sanfter Tourismus unterschiedlich definiert. Laut Internationaler Alpenschutzkommission (CIPRA) bedeutet sanfter Tourismus, für Urlaube bereits vorhandene Infrastrukturen der Bevölkerung zu nutzen und somit die Landschaft nicht durch zusätzliche Infrastrukturen zu belasten. Auch der Erhalt der Erholungslandschaft ist wichtig. KIRSTGES hingegen schreibt, dass es noch keine eindeutige Definition von sanftem Tourismus gibt. Außerdem führe jede Art von Tourismus zu negativer Beeinträchtigung. Daher ist von **sanfterem Tourismus** die Rede:[56]

„Hierunter sind Reiseformen und Massnahmen zu verstehen, die versuchen, stärker als bisher in Einklang mit der sozialen und natürlichen Umwelt zu sein, um so nachhaltig auch die wirtschaftliche Basis für den Tourismus zu sichern."[57]

Forderungen an den sanfteren Tourismus:
- „Eine möglichst geringe Belastung der Natur
- Den direkten Kontakt zum Lebensraum von Flora und Fauna behutsam ermöglichen
- Das Leben und die Kultur der einheimischen Bevölkerung miteinbeziehen
- Die Wirtschaftsinteressen der einheimischen Bevölkerung und die Bedürfnisse der Touristen bei der Planung berücksichtigen
- Die Erholungssuchenden für die Lebens- und Wirtschaftsbedingungen der Urlaubsregion zu sensibilisieren
- So weit wie möglich auf zusätzliche, die Landschaft verändernde Tourismuseinrichtungen verzichten und dafür bestehende Einrichtungen mitbenützen lassen
- Den Kontakt und somit das Verständnis zwischen Einheimischen und Touristen fördern"[58]

---

[56] vgl. ebda., S. 20
[57] ebda.
[58] DANIELLI und SONDEREGGER, 2009, S. 20

| Hartes Reisen | Sanftes Reisen |
|---|---|
| Massentourismus | Einzel-, Familien- und Freundesreisen |
| wenig Zeit | viel Zeit |
| schnelle Verkehrsmittel | angemessene Verkehrsmittel |
| festes Programm | spontane Entscheidungen |
| außengelenkt | innengelenkt |
| importierter Lebensstil | landesüblicher Lebensstil |
| "Sehenswürdigkeiten" | Erlebnisse |
| bequem und passiv | anstrengend und aktiv |
| wenig/keine geistige Vorbereitung | vorhergehende Beschäftigung mit dem Besuchsland |
| keine Fremdsprachen | Sprachen lernen |
| Überlegenheitsgefühl | Lernfreude |
| Einkaufen (Shopping) | Geschenke bringen |
| Souvenirs | Erinnerungen, Aufzeichnungen, neue Erkenntnisse |
| Knipsen und Ansichtskarten | Fotografieren, Zeichnen und Malen |
| Neugier | Taktgefühl |
| laut | leise |

Tabelle 1: Eigenschaften von hartem und sanftem Reisen im Vergleich, Eigene Darstellung nach Jungk in Waibel (2003)

Wenn nachhaltiger Tourismus in der intakten Natur – als räumlichem Bezug – ausgeführt wird, so ist von **Ökotourismus** die Rede:

*„Ökotourismus ist eine Form verantwortungsbewussten Reisens in naturnahe Gebiete, bei dem das Erleben von Natur im Mittelpunkt steht. Ökotourismus minimiert negative ökologische und sozio-kulturelle Auswirkungen, trägt zur Finanzierung von Schutzgebieten oder Naturschutzmaßnahmen bei und schafft Einkommensmöglichkeiten für die lokale Bevölkerung. Indirekt soll Ökotourismus die Naturschutzakzeptanz (…) [der BesucherInnen, der lokalen Bevölkerung und der gesamten Gesellschaft] erhöhen."*[59][60]

Im Vergleich zum konventionellen Massentourismus fällt auf, dass aufgrund der Naturverbundenheit, auf den Bau von großen Infrastrukturprojekten verzichtet werden kann.[61] NaturtouristInnen fragen dafür eher nach geführten Touren, Kursen etc., was Arbeitsplätze in der Region schafft.

*„(…) [Es] entfallen die meist sehr hohen Kosten für [Neu-]Bau und Unterhalt von Transport- und Beherbergungsbetrieben, inklusive der damit verbundenen Kosten von Eingriffen in Natur und Landschaft."*[62]

---

[59] STRASDAS, 2001, S. 6
[60] vgl. ARBEITSGRUPPE ÖKOTOURISMUS, 1995, S. 37 ff
[61] DANIELLI und SONDEREGGER, 2009, S. 84
[62] ebda.

Der **Naturtourismus** beinhaltet, wie auch der Ökotourismus, das Erlebnis von Natur, ist aber nicht zwingend nachhaltig.[63]

„*Als Naturtourismus (…) kann jede Form von Tourismus bezeichnet werden, die vor allem von der natürlichen Umwelt als Attraktion oder Umgebung abhängt. Diese Form von Tourismus kann jedoch grössere negative Auswirkungen auf Natur und Kultur haben.*"[64]

Die ARBEITSGRUPPE ÖKOTOURISMUS hat untersucht, inwiefern Naturtourismus zu Formen von Ökotourismus weiterentwickelt werden kann. Laut NOLTE können die Begriffe Ökotourismus, nachhaltiger Tourismus und laut LEUTHOLD auch naturnaher Tourismus synonym verwendet werden.[65]

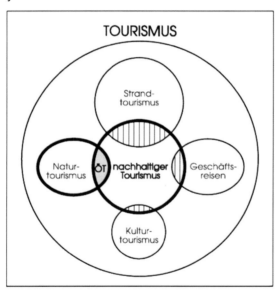

Abbildung 2: Ökotourismus im Vergleich zu anderen Tourismusformen und Begriffen Ökotourismus als Überschneidung von nachhaltigem Tourismus und Naturtourismus
http://www.studienkreis.org/deutsch/publikationen/schriftenreihe/Diss_W_Strasdas_A.pdf

Im Gegensatz zum Naturtourismus, bei dem einzig der Besuch der Natur das Ziel der Reise ist, ist im Ökotourismus auch der Erhalt kultureller Werte und ein ökonomischer Nutzen für die Gastgeber gegeben.[66] Ökotourismus lässt sich laut HONEY[67] durch folgende Punkte charakterisieren:

---

[63] vgl. NOLTE, 2005, S.32
[64] DANIELLI und SONDEREGGER, 2009, S. 22
[65] vgl. ebda., S. 22
[66] vgl. ebda., S. 21
[67] vgl. HONEY, 1999, S. 22ff

- Es handelt sich um eine Reise in eine „natürliche Umgebung".
- Die Eingriffe in die Natur werden minimiert.
- Aspekte der Umweltbildung (für Touristen und die lokale Bevölkerung) sind gegeben.
- Geldmittel für Umwelt- und Naturschutz werden aus Spenden, Eintrittsgeldern, von Tour-AnbieterInnen und aus Unterkünften lukriert.
- Finanzielle Vorteile und eine erhöhte Beschäftigungsrate bieten sich der lokalen Bevölkerung an. Und diese profitiert gleichzeitig von Infrastruktureinrichtungen. Wichtig ist, dass die Zurverfügungstellung von Unterkünften durch die lokale Bevölkerung erfolgt.
- Respekt gegenüber der Natur und Kultur (und Lernen von ihr) herrscht vor. Das setzt ausreichende Information der TouristInnen vor Reiseantritt voraus.
- Menschenrechte und demokratische Bewegungen werden unterstützt.

„»Ökotourismus ist eine Tourismusform, in der das Hauptmotiv des Touristen in der Beobachtung und im Genuss der Natur sowie den vorherrschenden traditionellen Kulturen in den Naturregionen besteht.«"[68]

Hohe Komfortstandards, wie Klimaanlagen, sind im Vergleich zum konventionellen Tourismus weniger wichtig, ganz im Gegensatz zu Bequemlichkeit und Sauberkeit.

Die Unterkünfte reichen von Luxus-Lodges, welche aus natürlichen Materialen und in landschaftsangepasster Bauweise bestehen, über die meistbesuchten Mittelklassehotels, Herbergen und Gästehütten zu Zeltplätzen. Wobei Camping auf letzteren eine „verschwindend kleine Rolle" spielt.[69]

Der/die typische ÖkotouristIn hat laut TIES folgendes Profil:

- *„Erfahrener Reisender*
- *Höhere Ausbildung, oft akademische Bildung*
- *Höheres Einkommen*
- *Mittleres bis höheres Alter*
- *Meinungsmacher*
- *Fragen die Kollegen nach deren Erfahrungen und erzählen die eigenen weiter*
- *Sind selber die wichtigste Informationsquelle für Reisetipps."*[70]

---

[68] World Tourism Organisation UNWTO (2004) in DANIELLI und SONDEREGGER, 2009, S. 22
[69] vgl. DANIELLI und SONDEREGGER, 2009, S. 63
[70] vgl. ebda., S. 75

Aus wirtschaftlicher Sicht wird oft die angebliche schwache Wertschöpfung des naturnahen Tourismus (im Vergleich zum konventionellen Tourismus) kritisiert. Doch oft profitiert die lokale Wirtschaft deutlich mehr vom naturnahen Tourismus.[71]
*„Bis zu 80% der gesamten Ausgaben für Pauschalreisen geht an Hotels, oft Hotelketten, Airlines und andere internationale Firmen. Ökotouristen hingegen geben ihr Geld vor Ort aus, oft bis über 90% des gesamten Reisebudgets."*[72]

Für Naturreisen ist es wichtig, rechtzeitig vor Reiseantritt Informationen und Verhaltensregeln zu studieren bzw. bei gebuchten Reisen diese zu erhalten. So ist es gemeinsam mit Steuerungsinstrumenten möglich, auch Reisende mit oberflächlichem Naturinteresse in den Ökotourismus einzugliedern.[73] Da meist entlegene Gebiete Zieldestinationen sind, werden häufig ReiseveranstalterInnen mit der Organisation beauftragt bzw. komplett organisierte Pauschalreisen gebucht. Im Gegensatz zu „hotelzentrierten Strandurlauben" erfordert das gewünschte Natur-Erleben kompetente ReiseführerInnen. Diese müssen das jeweilige Gebiet gut kennen und Informationen kompetent vermitteln.[74]

NaturtouristInnen nehmen oft weite Reisen auf sich, um in ein bestimmtes Gebiet auf der ganzen Erdkugel zu gelangen. *„Immer bequemere Langstreckenflüge zu historischen Tiefstpreisen bringen Feriengäste um die ganze Welt."*[75]

Dort gelandet wird der öffentliche Verkehr überdurchschnittlich oft benutzt und die Freizeit aktiv gestaltet. Dabei muss bedacht werden, dass selbst eine ökotouristische Flugreise, die zwar eine *„Chance für Ressourcenmanagement, Naturraumerhaltung und Überlebensstrategien einheimischer Bevölkerung"*[76] darstellen kann, schon allein hinsichtlich des Fluges unökologisch ist. Dieser benötigt meist 80 % der gesamten im Urlaub aufgewendeten Energie.[77] *„Ökotourismus endet beim Abheben vom heimischen Flughafen."*[78] Lässt sich nur sagen: *„ (...) [So gesehen] wäre der wahre Öko-Tourist jener, der erst gar nicht verreist."*[79][80]

---

[71] vgl. ebda., S. 23
[72] ebda., S. 23 und 79
[73] ebda., S. 76
[74] vgl. ebda., S. 59
[75] DANIELLI und SONDEREGGER, 2009, S. 144
[76] ELLENBERG et al., 1997, S. 51
[77] vgl. DANIELLI und SONDEREGGER, 2009, S. 11
[78] ELLENBERG et al., 1997, S. 51
[79] WEICHBOLD, Martin in BACHLEITNER, 1999, S. 94
[80] Selbiges gilt natürlich auch für die wahre Ökotouristin

| | (Mögliche) positive Effekte | (Mögliche) negative Effekte |
|---|---|---|
| Ökonomisch | * Einkommenseffekt<br>*Devisenbringer<br>*Schaffung von Arbeitsplätzen (teilweise saisonal positiv)<br>*Ausbau der Infrastruktur<br>*Regionale Entwicklungsimpulse und Disparitätenabbau | * Devisen fließen in Quellland zurück durch ausländische Investoren<br>*Einkommenseffekt teilweise gering, wenn nur 15% auf lokaler Ebene ausgegeben wird<br>* Beschäftigung nur saisonal oder für Auswärtige |
| Ökologisch | *Reisemotive Landschaftsästhetik und intakte Natur als Anreiz zur Unterschutzstellung von Gebieten<br>* Tourismus finanziert Naturschutz<br>* Erhalt von Reservaten<br>* Erschaffung von Reservaten | * Infrastrukturbedingte Effekte:<br>  - Beeinträchtigung des Landschaftsbildes<br>  - Eingriff in empfindliche Ökosysteme<br>* Aktivitätsbezogene Effekte:<br>z.B.: - Zerstörung von Korallen<br>-Verschmutzung von Reservaten durch Massentourismus<br>-Verhaltensänderungen von Wild<br>-Ressourcenverbrauch |
| Sozio-kulturell | * Interkulturelle Begegnung (auch mit Minderheiten)<br>* Erhalt von kulturellem Erbe, Traditionen | *Akkulturation von Minderheiten in Naturgebieten<br>*Souvenirkitsch<br>*Betteln<br>*Kommerzialisierung der Gastfreundschaft und der Traditionen |

Tabelle 2: Positive und negative Effekte des Naturtourismus, Eigene Darstellung nach JOB (2007) aus DANIELLI und SONDEREGGER (2009)

## 4.2 Eignet sich das Grüne Band Europas für den Tourismus?

*„Die meisten Menschen genießen natürliche Landschaften und unternehmen weite Reisen, um solche zu finden. Dabei werden Umwelt und Kultur nicht immer respektiert. Sanfter Tourismus versucht Einkommen und Beschäftigung in der Region zu schaffen, ohne Umwelt und lokale Kultur zu beeinträchtigen. Das Grüne Band bietet einen extrem vielfältigen Querschnitt durch Europas natürliche Landschaften. An Natur und Kultur interessierte Menschen können viel über europäische Geschichte*

*lernen, wie Landnutzung zu früheren Zeiten die Landschaft geformt und Spuren hinterlassen hat."* [81]

In folgender Tabelle sind natürliche und kulturelle Attraktionen aufgelistet, die das Grüne Band Europas zu bieten hat.

| Natürliche Attraktionen | Kulturelle Attraktionen |
|---|---|
| **Hydrologische Ressourcen:**<br>*Seen<br>*Flüsse<br>*Meeresküsten<br>*Wasserfälle<br>*Stromschnellen | *gemeinsames europäisches geschichtliches Erbe<br>*kulturelle Traditionen<br>*Gastwirtschaft und Kochkunst<br>*regionale Produkte<br>*Architektur<br>*Reste des ehemaligen Eisernen Vorhangs |
| **Geologische Ressourcen:**<br>*Berge<br>*Hügel<br>*(Sand-)Strände<br>*Höhlen | *traditionelle regionale Landwirtschaft und dazugehörige Bräuche<br>*Handarbeit<br>*Events |
| **Landschaft:**<br>*Alte Nadelwaldbestände<br>*Laubwälder<br>*Wiesen- und Weideland<br>*urtümliche Landschaften | |
| **Biodiversität**[82]**:**<br>*regionale Tier- und Pflanzenarten | |
| **Schutzgebiete:**<br>*UNESCO - Welterbestätten<br>*UNESCO - Biosphärenreservate<br>*IUCN Schutzgebiete (Kategorien I - VI) | |
| **Klimazonen:**<br>*kalt und trocken in Nordeuropa<br>*gemäßigt in Zentraleuropa<br>*mild in Südeuropa | |

Tabelle 3: Touristenattraktionen am Grünen Band Europas. Eigene Darstellung nach ENGELS und GERLING in TERRY et al. (2006)

---

[81] Erlebnis – Sanfter Tourismus – Nachhaltiger Tourismus: http://www.greenbelteurope.eu/
[82] Biodiversität bezeichnet *„1 [die] biologische Vielfalt der Arten innerhalb eines geografischen Raumes [und] 2 genetische Variation innerhalb einer Art"* (WAHRIG-BURFEIND, 2007)

Es finden sich sowohl traditionelle Siedlungstypen als auch attraktive Orts- und Landschaftsbilder,[83] welche von TouristInnen äußerst geschätzt werden.

Laut STRASDAS (2001) sind zur Bewertung der Attraktivität für den Naturtourismus folgende Kriterien grundlegend: eine in Dauer und Bequemlichkeit, im Verhältnis zur Attraktivität stehende Anreise, das Vorhandensein von anderen Attraktionen im Zielland (wie z.B. eine Rundreisemöglichkeit) und das Angebot von schmackhaften hygienisch einwandfreien Speisen. Großartige, vielfältige Landschaft, hohe Biodiversität, interessante Vegetationsformen und das Vorhandensein einer regenfreien Zeit sind zusätzliche wichtige Kriterien.[84]

Da sich das Grüne Band quer durch Europa zieht, gibt es für EuropäerInnen immer relativ nahe potenzielle Urlaubsgebiete in einer der Perlen des Grünen Bandes. Eine kurze Anreise hat viele Vorteile und ist für manche AutorInnen ein wichtiges Kriterium für Naturtourismus: *„Naturtourismus muss in der Nähe stattfinden"*[85]

Großschutzgebiete sind in ländlichen Regionen gern gesehen, da sie zu einer wirksamen touristischen Fördermaßnahme zählen und zu einem wesentlichen Bestandteil zur Wertschöpfung beitragen können.[86]

Das Grüne Band eignet sich somit ideal zur touristischen Vermarktung. Es soll später in Kapitel 4.4 der Frage nachgegangen werden, ob Tourismus für das Grüne Band geeignet ist.

## 4.3 Tourismus am Grünen Band

Laut ENGELS und GERLING[87] kann die Entwicklung von nachhaltigem Tourismus in Naturschutzgebieten und deren Umgebung eine erfolgreiche Option darstellen. Weiters heißt es sinngemäß, dass eine Einbindung von nicht-konsumtiven Landnutzungsaktivitäten in den Naturschutz geeignet sei, um sozio-ökonomische Vorteile für die lokale Bevölkerung zu erzielen. Der steigende Bedarf der Menschen an Naturerlebnis und sportlichen Aktivitäten soll einen Anreiz für die Regionen darstellen, spezielle Tourismusprodukte in Zusammenhang mit der Natur und dem Land zu entwickeln. Zusätzlich wird auf die vielen verschiedenen Regionen des Grünen

---

[83] vgl. DANIELLI und SONDEREGGER, 2009, S. 23
[84] vgl. ebda., S. 58
[85] ebda., S. 149
[86] vgl. ebda., S. 88
[87] vgl. TERRY et al., 2006, S. 165

Bandes hingewiesen, die sowohl kulturell als auch landschaftlich höchst attraktiv sind.[88]

### 4.3.1 Vermarktung von Tourismus am Grünen Band

Viele attraktive touristische Angebote am Grünen Band werden von den Naturschutzorganisationen selbst initiiert. So wird vom BfN versucht der Bevölkerung das Grüne Band Deutschlands im Internet schmackhaft zu machen. Es werden interessante Punkte, Touren, Unterkünfte und Naturlandschaften kartografisch dargestellt[89] oder Erlebnisregionen mit besonderen Angeboten am Grünen Band angepriesen.[90]

HARTEISEN[91] beschreibt ebenfalls das Miteinander von Tourismus und Naturschutz am geplanten Naturschutzgroßprojekt (NGP) „Grünes Band Eichsfeld-Werratal", indem durch Öffentlichkeits- und Medienarbeit versucht wird die Bekanntheit und somit auch die BesucherInnen zu steigern.

### 4.3.2 Das touristische Angebot

Die meisten ökotouristischen Angebote kommen von Deutschland und Österreich[92]. Es zeigt sich, dass Besuche in Naturschutzgebieten oft Teil verschiedenster Tourismusprogramme sind und lokale und regionale Reisefirmen sowie NGOs[93] mit den Schutzgebieten kooperieren. Im Vergleich zu geführten Touren sind die Auswirkungen von Individualreisenden schwer zu kontrollieren. In traditionellen Urlaubs- und Ausflugszielen wie dem Nationalpark Neusiedlersee sind touristische Kulturangebote besonders vielfältig. Sind derartige Angebote zu allen Jahreszeiten verfügbar, kann die ökonomische Nachhaltigkeit des Tourismus verstärkt werden.

Da entlang des Grünen Bandes ländliche Regionen vorherrschen, werden traditionelle Landwirtschaft und Weinbautraditionen angeboten. Viele TouristInnen werden von den lokalen Produkten wie Wein, Fleisch und Käse angezogen.

---

[88] vgl. Tabelle 3, in dieser Arbeit
[89] vgl. http://gruenes-band.i-ventions.de/tourismus/
[90] vgl. http://reisen.erlebnisgruenesband.de/
[91] vgl. HARTEISEN, 2007, S. 37-46
[92] Beispiele siehe DEUTSCHES MAB- NATIONALKOMITEE, 2004, S. 113 ff
[93] Non-Governmental Organisation = Nichtregierungsorganisation

Die kulturelle Attraktion des Grünen Bandes, als Symbol für eine geteilte europäische Geschichte und deren Wiedervereinigung und Zusammenarbeit in Europa, ist derzeit noch recht gering. ENGELS spricht in diesem Zusammenhang von einer Herausforderung ein einheitliches Profil für das Grüne Band Europas zu kreieren.[94]

### 4.3.3 Die touristische Nachfrage

Vor den Grenzöffnungen durften die Gebiete des heutigen Grünen Bandes aufgrund des Eisernen Vorhangs nicht betreten werden. Folglich ist seit den 1990er Jahren die Anzahl an TouristInnen im Gebiet ständig gestiegen. Die meisten BesucherInnen kommen, um die Natur und Landschaft als Symbol von Frieden und Harmonie zu genießen. Vogel- und Tier-BeobachterInnen kommen aufgrund der speziellen Naturbedingungen, andere wiederum gerade dank des hier (zum Teil) nicht vorhandenen Kulturprogramms. Je nach Lage variieren die BesucherInnenprofile. So tritt am Neusiedlersee sowohl Ökotourismus (mit Birdwatching im Fertő-Hansag) als auch Massentourismus an den Stränden auf. Bildungsprogramme und –touren werden zu 90% von SchülerInnen besucht.

In den Naturschutzgebieten selbst sind hauptsächlich nationale und regionale Erholungssuchende anzutreffen, die meisten davon im mittleren Alter. Die Unter-30-Jährigen bevorzugen „extreme" Sportarten, wie Rafting oder Bergsteigen in herausfordernder Umwelt. Die Älteren jedoch besuchen vermehrt Gesundheitsresorts und Pensionen.

Die von GERLING untersuchten Naturschutzgebiete am Grünen Band sind oft von TagesausflüglerInnen besucht worden, welche den Besuch im Naturschutzgebiet mit dem längeren Aufenthalt in nahe gelegenen Siedlungen, Kurorten oder Schigebieten kombinierten.

In Naturschutzgebieten selbst stellen Infozentren die meisten touristischen Angebote zur Verfügung. Informationsmaterial und Broschüren dienen der passiven BesucherInnenlenkung, wohingegen geführte Touren durchs Naturschutzgebiet zu aktivem BesucherInnenmanagement zählen.[95]

---

[94] vgl. ENGELS, Barbara und GERLING, Tatjana in TERRY et al., 2006, S. 169 ff
[95] vgl. ebda., S. 171 ff

## 4.3.4 Managementoptionen für Tourismus am Grünen Band

Ökologische Schutzziele reagieren oft empfindlich auf touristische Entwicklungsziele. Die größten Herausforderungen für das grüne Band sind daher, eine bestmögliche Integration von Naturschutz- und Tourismuszielen zu finden sowie den Tourismus so nachhaltig wie möglich zu gestalten. Es existieren bereits Beispiele für nachhaltige Tourismusplanungen in bestehenden Schutzgebieten am Grünen Band, die alle Betroffenen miteinbeziehen.[96]

## 4.3.5 Biosphärenreservate – PAN-Parks[97]

Biosphärenreservaten kommt in Sachen nachhaltige Erholungsnutzung in Naturschutzgebieten eine besondere Rolle zu. In sogenannten Entwicklungszonen wird mit Hilfe des MAB[98] - Programms eine nachhaltige wirtschaftliche, soziale und kulturelle Entwicklung gefördert und *„der Mensch mit seinem Wirtschaften in den Erhalt der biologischen Vielfalt einbezogen."*[99] Für den Erhalt der Biodiversität wird in den Kernzonen gesorgt. Das UNESCO MAB – Programm stellt gemeinsam mit den Biosphärenreservaten eine gute Möglichkeit für nachhaltige Tourismusentwicklung dar.

Auch mit der PAN Park-Initiative wird versucht eine naturschutzbasierte Antwort auf die steigende Nachfrage von Naturtourismus zur Verfügung zu stellen.[100] In PAN-Parks sind nur zwei Arten von Aktivität erlaubt: die Wiederherstellung der Wildnis, sowie kontrollierter und nachhaltiger Tourismus.[101]

## 4.3.6 Umfassendes BesucherInnenmanagement

Da eine Konzentration von BesucherInnen in attraktiven, aber sensiblen Gebieten eine große Gefahr darstellt, ist ein entsprechendes Management unumgänglich. Durch Informationen und Management wird der Schutz der Natur, aber auch die Zufriedenstellung der TouristInnen sichergestellt. Im BesucherInnenmanagement werden kritische Belastungen und Gefahrenpotentiale festgelegt. Infrastrukturpla-

---

[96] vgl. ebda., S. 172 ff
[97] Protected Area Network Parks, eine Stiftung zum Schutz der europäischen Wildnisgebiete
[98] Man and the Biosphere = Der Mensch und die Biosphäre
[99] ÖSTERREICHISCHE UNESCO-KOMMISSION:
  http://131.130.59.133/biosphaerenparks/bsr/downloads/mab_oesterreich.pdf
[100] vgl. ENGELS, Barbara und GERLING, Tatjana in TERRY et al., 2006, S. 173
[101] vgl. http://www.panparks.org/learn/pan-parks-wilderness/managing-pan-parks-wilderness#4

nung (Parkplätze, markierte Wege) und die „honey pot strategy"[102] sind wichtige Maßnahmen. Mithilfe dieser auch als Angebots-Verbots-Strategie bezeichneten Vorgangsweise werden attraktive touristische Angebote (Exkursionen, Naturerlebnisangebote) mit angemessener Infrastruktur kombiniert. Dadurch können BesucherInnen erfolgreich in vordefinierten Gebieten konzentriert werden und gleichzeitig die Akzeptanz von Zutrittsverboten in der Kernzone erhöht werden.[103]

### 4.3.7 Allgemeine Feststellungen über den Tourismus am Grünen Band

Aufgrund der großen Variation an Gebieten am Grünen Band kann kein einheitliches Szenario der Tourismusentwicklung stattfinden. Es ist jedoch wichtig, dass nachhaltige Tourismus-Entwicklungsprojekte von der Erfahrung anderer Gebiete profitieren. Besonders die wenig entwickelten Gebiete entlang des Südosteuropäischen Grünen Bandes können von den restlichen lernen. Da der Tourismus am Südosteuropäischen Grünen Band beginnt einen starken Aufschwung zu erleben, ist es enorm wichtig sicherzustellen, dass ein möglichst großer Anteil davon in Form von nachhaltigem Tourismus entwickelt wird. Besonders für die früheren Ostblockstaaten sind Investitionen in touristische Infrastruktur und BesucherInnenmanagementpläne sehr wichtig. Die zahlreichen grenzüberschreitenden Schutzgebiete am Grünen Band weisen ein besonders hohes Potential für Tourismus auf.

Derzeit sind noch keine signifikanten negativen Einwirkungen des Tourismus am Grünen Band Europas bekannt, was auf die meist sehr geringen BesucherInnenzahlen zurückzuführen ist. Im Fertő-Hanság und Neusiedler See-Winkel sind während heißer Sommerwochenenden am Seeufer oft kritisch hohe BesucherInnenzahlen aufzuzeichnen. Im Nationalpark Harz sind aus demselben Grund starke Verkehrsauswirkungen ersichtlich.

Trotz dieser Beispiele „übernutzter" Regionen wird die Entwicklung von nachhaltigem Tourismus als hohes Ziel gesehen, da es im Idealfall zu positiven wirtschaftlichen Effekten mit einer Steigerung der Wertschöpfungsrate in der jeweiligen Region kommen kann. Somit wird verständlich, warum Tourismusinitiativen oft vom Naturschutz initiiert werden.

---

[102] Angebots-Verbots-Strategie
[103] vgl. ENGELS, Barbara und GERLING, Tatjana in TERRY et al., 2006, S. 174 ff

Damit jedoch die regionale Wirtschaft angekurbelt werden kann, muss sichergestellt werden, dass das erwirtschaftete Einkommen auch wirklich in der Region bleibt. Regionale Wirtschaftskreisläufe sind wichtig, um lokales Einkommen zu ermöglichen, und helfen Transportwege zu minimieren.

Auswertungen von sozioökonomischen Auswirkungen des Tourismus in drei Gebieten[104] entlang des Grünen Bandes haben positive qualitative und quantitative Effekte ergeben. Nachhaltiger Tourismus konnte sich als zukunftsfähige Alternative für die Regionen positionieren. Da die meisten touristischen Dienstleistungen, wie Unterkünfte, Restaurants etc. in Privatbesitz der lokalen Bevölkerung sind, werden das lokale und regionale Wirtschaftssystem finanziell unterstützt.[105] Trotz der Saisonabhängigkeit des Tourismus kann dieser durch die Schaffung von Einkommen und dauerhaften Jobs möglicherweise helfen die steigende Entvölkerung ländlicher Regionen aufzuhalten. Wenn die Saison durch spezielle Events, Kulturangebote oder Infrastruktureinrichtungen für neue naturnahe Tourismusaktivitäten verlängert werden kann, wird die Saisonbedingtheit vermindert und der sozio-ökonomische Nutzen vergrößert.

Durch gemeinsame Entwicklungsperspektiven soll nicht nur der Tourismus, sondern auch die Natur entlang des Grünen Bandes profitieren. Letzteres soll durch steigenden regionalen Wohlstand, die erhöhte Achtung und Wertschätzung der Natur und die Schaffung von höherer Akzeptanz für Naturschutz bei den UrlauberInnen geschehen. Besonders in aus finanzieller Sicht „ärmeren" Gebieten wirkt sich das zusätzliche Einkommen positiv auf die Akzeptanz des Naturschutzes aus. Der Wert einer sauberen Umwelt und reizhaften Landschaft kann durch den Tourismus finanzielle Vorteile erzeugen und eine Übernutzung der Natur verhindern. Im Gegensatz dazu treten in finanziell wohlhabenden Gebieten oftmals extreme Formen von Naturtourismus, mit geringer Akzeptanz für den Naturschutz, auf. Das Grüne Band Europas kann gemeinsam mit der regionalen Tourismusentwicklung in gesamteuropäischen und international nachhaltigen Landnutzungsstrategien, Konventionen und Programmen dazu beitragen.[106]

---

[104] Oulanka-Paanajärvi National Park, Russland/Finnland, Rhön Biosphärenreservat, Deutschland Fertő-Hanság-Neusiedler-See National Park, Ungarn/Österreich
[105] vgl. ENGELS, Barbara und GERLING, Tatjana in TERRY et al., 2006, S. 175 ff
[106] vgl. ebda., S. 177 ff

## 4.4 Eignet sich der Tourismus für das Grüne Band?

„ (...) [Langfristiger] wirtschaftlicher Fortschritt [ist] nur in Verbindung mit Umweltschutz und der Verknüpfung mit sozialen Fragen möglich (...)"[107]
Ergo: Die Wirtschaft braucht die Natur – nicht umgekehrt.

Damit die Natur am Grünen Band bewahrt werden kann, darf nur nachhaltiger Tourismus stattfinden. Die Auswirkungen[108] der TouristInnen dürfen das System nicht aus dem Gleichgewicht bringen. Es gilt also vielfältige Angebote im Bereich des naturnahen Tourismus zu schaffen,[109] um im Vorhinein schon Ökotourismus ins Grüne Band zu implementieren. Bereits bestehende konventionelle Angebote sind jedoch nachhaltig umzuformen.

„Ökotourismus bzw. naturnaher Tourismus gilt in vielen wirtschaftlich unterentwickelten, aber ökologisch reich ausgestatteten Regionen, als ein Weg, die bedrohte Biodiversität zu erhalten."[110]

Anstelle eines raschen Profits, soll „Schützen durch Nützen" praktiziert werden. Es muss verhindert werden, dass der Ökotourismus nur als Deckmäntelchen von konventionellem Massentourismus eingesetzt wird.

„In jedem Schutzgebiet kann der Tourismus sowohl Kosten als auch Nutzen auslösen, und zwar auf allen drei Ebenen der Nachhaltigkeit: wirtschaftlich, sozial und ökologisch. Es ist eine Aufgabe des Parkmanagements, die entstehenden Kosten zu minimieren und gleichzeitig den Nutzen zu maximieren."[111]

Heutzutage „(...)stehen die zahlreichen Schutzgebiete weltweit in einem zunehmenden Konkurrenzkampf zu einander"[112]. Um am touristischen Markt sichtbar zu sein, sind die einzelnen Schutzgebiete bemüht möglichst attraktive Gruppenreisen zu vermarkten.

---

[107] DANIELLI UND SONDEREGGER, 2009, S. 30
[108] vgl. Kapitel 6.2 in dieser Arbeit
[109] vgl. DANIELLI UND SONDEREGGER, 2009,, S. 150
[110] ebda., S. 85
[111] ebda., S. 105
[112] ebda., S. 98

**Conclusio:**

Im Grunde genommen wurde das Grüne Band rein aus Naturschutzgedanken gegründet.[113] Doch jetzt werden verschiedenste Entwicklungen auf vormals uninteressanten Flächen angestrebt. Grundsätzlich stellt der aufkommende Tourismus eine Gefahr für den Naturschutz dar. Interessant ist, dass sogar die Naturschutzorganisationen selbst den Ökotourismus initiieren und fördern. Daher ist von einem Wachstum des Tourismus am Grünen Band Europas auszugehen. Wenn dieser durch gezieltes Schutzgebietsmanagement und gute Planung nur in Form von Ökotourismus allein eingeführt wird, so sind im Idealfall keine negativen, sondern sogar positive Effekte zu erwarten.

„*Die Führung von Menschen zu den natürlichen Schätzen entlang des Grünen Bandes kann zur Regionalentwicklung dieser benachteiligten Regionen beitragen und Bewusstsein für ihren Wert und ihre Schutzbedürftigkeit wecken.*"[114]

---

[113] erste Resolution in FROBEL et al., 2009, S.400
[114] Erlebnis – Sanfter Tourismus – Nachhaltiger Tourismus: http://www.greenbelteurope.eu/

# 5 Beispiele für Touristische Nutzungen am Grünen Band

Zuerst wird aus einer Vielfalt an Gebieten die Prespa–Ohrid Region im Südosteuropäischen Grünen Band herausgegriffen. Typisch für diesen Abschnitt ist die momentan, im Gegensatz zum Fennoskandischen und besonders zum Zentraleuropäischen Grünen Band, die noch sehr geringe touristische Nutzung. Als zweites Beispiel dient eine neue Nutzungsform, die sich über das gesamte Grüne Band erstreckt, nämlich das Radfahren entlang des Iron Curtain Trails, des Radwegs Eiserner Vorhang.
Grundsätzlich gilt jedoch, dass aufgrund des großen Einzugsgebietes in vielfältigen klimatischen Regionen und Höhenlagen des Grünen Bandes zahlreiche Nutzungen möglich sind und verschiedenste Sportarten ausgeübt werden: Alpinschifahren, Baden, Bergsteigen, Canyoning, Radfahren, Reiten, Wandern etc.

## 5.1 Prespa-Ohrid Region

### 5.1.1 Allgemeiner geografischer Überblick

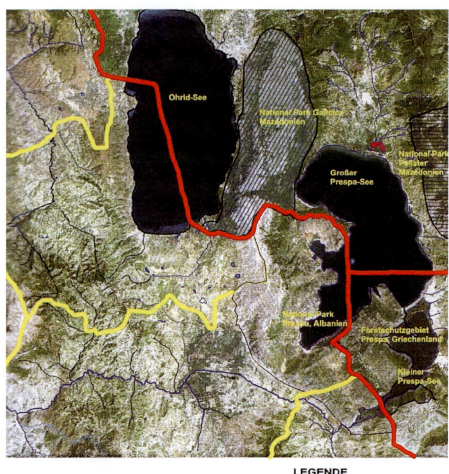

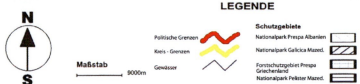

Abbildung 3: Überblick über die Presparegion - Schutzstatus – Entwicklung
FREMUTH (2001) in Natur und Landschaft (2008): FREMUTH: Heft 8 S. 345, eigene Überarbeitung

Die Prespa-Ohrid Region [27] liegt im Dreiländereck von Albanien, Mazedonien und Griechenland und ist dank ihrer Seen- und Gebirgslandschaft laut EuroNatur „eine der interessantesten und vielfältigsten Landschaften Europas"[115] „und zählt zu den ökologisch wertvollsten Abschnitten des Grünen Bandes Europa auf dem Balkan."[116] Der Kleine und der Große Prespa-See, sowie der Ohrid-See sind von Bergen, wie dem Mali Thate („Trockener Berg") umgeben. Er ist 2287 m[117] hoch und liegt zwischen dem Ohrid-See und dem Großen-Prespa-See. Der Ohrid-See ist 2 Millionen Jahre alt und ausgesprochen oligotroph. Er zählt zu den nährstoffärmsten und ältesten Seen der Welt.[118] [119]

Am griechischen Teil des Großen und Kleinen Prespa-Sees gab es schon in den 1980er Jahren erste Schutzbemühungen. Nach Auflösung des kommunistischen Regimes begann EuroNatur gemeinsam mit albanischen Verbänden[120] 1991 mit dem kompletten Schutz dieser drei Seen. Seit 1996 wird das Projekt auch von der deutschen Bundesregierung,[121] etwas später von dem niederländischen EECONET Action Fund (EAF) und der Zoologischen Gesellschaft Frankfurt (ZGF) mit Förderungen unterstützt. Trotz Unruhen und dem Kosovokrieg im Jahr 1999 konnten im Jahr 2000 der größte albanische Nationalpark und ein Landschaftsschutzgebiet eingerichtet werden. Aufgrund der Bedeutsamkeit des Feuchtgebietes bekamen der Große und der Kleine Prespa-See den Schutzstatus gemäß Ramsar-Konvention[122]. Wenig später wurde von den drei Grenzländern das trilaterale Schutzgebiet „Prespa-Park" eingerichtet und 2004 wurde ein strategischer Aktionsplan für alle drei Staaten festgelegt.

In einem Nutzungskonzept wird in bestimmten Bereichen die Nutzung zugelassen, in anderen die Renaturierung gefördert und in der Kernzone jegliche Nutzung unterbunden.[123]

## 5.1.2 Gefährdungsfaktoren und Zielsetzung des Prespa-Nationalparks

---

[115] EuroNatur: b)
[116] EuroNatur: a)
[117] vgl. http://wikimapia.org/16105194/Mali-i-That%C3%AB-2287-m
[118] EuroNatur a) b) c) und FREMUTH et al., 2008, S. 345 ff
[119] vgl. FREMUTH und KNAUER, 2000, S. 2
[120] z.B. der Partnerorganisation PPNEA (Protection and Preservation of Natural Environment in Albania)
[121] mit finanziellen Kooperationsinstrumenten GTZ (Deutsche Gesellschaft für Technische Zusammenarbeit) und KfW (Kreditanstalt für Wiederaufbau)
[122] Die Ramsar-Konvention ist ein völkerrechtlicher Vertrag über den Schutz von Feuchtgebieten und insbesondere den darauf angewiesenen Vögeln. Die Verhandlungen für diese Konvention wurden 1971 in Ramsar im Iran durchgeführt.
[123] EuroNatur: d)

Der Prespa-Nationalpark ist ein Entwicklungsnationalpark. Das heißt, dass die ökologischen Schäden der Vergangenheit, besonders die exzessive Übernutzung, zu reparieren sind.

*"Ziel der Nationalparkausweisung ist es, die sensiblen terrestrischen und aquatischen Ökosysteme in ihrer montanen bzw. submontanen Ausprägung zu erhalten bzw. wiederherzustellen."*[124]

Das Gebiet war von ausgesprochener land- und fischereiwirtschaftlicher Übernutzung geprägt. Doch es konnten die folgenden Gefährdungsfaktoren zum Großteil ausgeschaltet und eine positive Entwicklung beobachtet werden. Besonders der Waldboden regeneriert sich dank entsprechender Maßnahmen rasch. Auch die Bevölkerung sieht die Einrichtung des Parks als positiv an.

Folgende Gefährdungsfaktoren sind von Bedeutung:
- illegaler Brennholzeinschlag (individuell und kommerziell)
- Überweidung des Grünlandes und der Wälder mit Futterlaubgewinnung (Schnaitelung)
- Bewässerungslandwirtschaft
- Überjagung
- Überfischung (auch mit Dynamit)
- Bau und Betrieb von militärischen Verteidigungsanlagen[125] (sogar am Gipfel des Mal i Thate)
- diverse wasserbauliche Maßnahmen zur Bewässerung von Feldern bzw. die Trockenlegung des Maliq-Sees
- Entsorgung von Müll in der Landschaft
- intensives, ungeordnetes Bauen in der Region aufgrund fehlender Raumplanung

---

[124] FREMUTH et al., 2008, S. 349
[125] *„Kleine Bunker, eine halbe Million, vielleicht auch siebenhunderttausend, überziehen wie Pockennarben den Staat. Praktisch jeder der etwa drei Millionen Albaner findet einen solchen Bunker in seiner unmittelbaren Umgebung. Wie nichts anderes repräsentieren sie das Land."* (FREMUTH und KNAUER, 2000, S. 3)

## 5.1.3 Die Fauna der Prespa – Ohrid Region

Seit Ende der exzessiven Jagd sind wieder Wildschweine, Wölfe, Braunbären und sogar Balkan-Gämsen *(Rupicapra r. balcanica)* im Gebiet vorhanden.
Aufgrund der Besonderheiten der Seen sind viele endemische Fischarten vorhanden, wie die Prespa-Nase *(Chondrostoma nasus prespensis)* oder die Prespa-Barbe *(Barbus prespensis)*. Experten zufolge sind hier 90 % der niederen Tierarten endemisch.[126]

Für paläarktische Wasservögel sind diese Seen ein bedeutendes Überwinterungsgebiet. U.a. kommen Moorente *(Aythya nyroca)*, Zwergscharbe *(Phalacrocorax pygmaeus)* und beide Pelikanarten (Krauskopfpelikan *Pelicanus crispus* und Rosapelikan *Pelicanus onocrotalus*) und einige Greifvögel hier vor.[127]

Aufgrund von umfangreichen Schutzmaßnahmen hat sich der Krauskopfpelikan-Bestand in den letzten 20 Jahren verzehnfacht. Dieser profitiert vom Fischreichtum der Seen. Somit brüten heute über 1000 Paare am Kleinen Prespa-See auf griechischer Seite, was ein Viertel der weltweiten Population dieser seltenen Vögel ausmacht.[128]

## 5.1.4 Die Flora der Prespa – Ohrid Region

Aufgrund des Zusammentreffens von mediterranen, mitteleuropäischen, alpinen und kontinentalen Florenelementen ist die Vegetationszusammensetzung aus *„pflanzengeographischer und naturschutzfachlicher Hinsicht"*[129] einzigartig. An den Berghängen ist eine deutliche Zonierung in die Eichen-Zone (600 – 1200m) und die darüberliegende Buchen-Zone (bis 1900m) deutlich. Aufgrund der jahrzehntelangen Überweidung sind meist nur degradierte Strauchformationen der Hauptbaumarten geblieben, welche sich langsam zu erholen beginnen. Teile des Eichengürtels sind von Trocken- und Halbtrockenrasen durchzogen und in der Alpinen Zone (ab 1900m) finden sich alpine Rasen und Zwergstrauchgesellschaften.

In den aquatischen Ökosystemen finden sich noch Reste von ausgedehnten Röhricht- und Schwimmpflanzengesellschaften.[130]

---

[126] vgl. FREMUTH und KNAUER, 2000, S. 2
[127] vgl. FREMUTH et al., 2008, S. 348 ff
[128] vgl. SCHWADERER, 2009, S. 423
[129] FREMUTH et al., 2008, S. 346
[130] einige Arten: Froschlöffel *(Alisma plantago-aquatica)*, Weiße Seerose *(Nymphaea alba)*, Seekanne *(Nymphoides peltata)*, Wassernuss *(Trapa natans)*

## 5.1.5 Tourismus in der Prespa – Ohrid Region

Tourismus ist dort momentan noch sehr selten. Im Lako Ohrid Conservation Projekt (LOCP) wird von guten Möglichkeiten gesprochen Ökotourismus in der Region zu entwickeln. Laut PANOVSKI erahnt die Bevölkerung gerade erst die Möglichkeiten einer Tourismusentwicklung, welche durch ein Management behutsam geleitet wird und sowohl für die Natur als auch für das kulturelle und geschichtliche Erbe[131] eine harmlose wirtschaftliche Aktivität darstellen soll.[132]

EuroNatur bemüht sich um eine nachhaltige Regionalentwicklung. Die Menschen sind für europäische Verhältnisse sehr arm und im ländlichen Raum meist ausschließlich auf Naturressourcen angewiesen. Um das Gebiet langfristig zu schützen, ist es wichtig, die Bedürfnisse der Menschen in Konzepte miteinzubeziehen:

„(...) [Es gilt] *neue Ansätze zu finden, die nicht nur die Natur großflächig sichern, sondern auch den Menschen eine wirtschaftliche Perspektive bieten. Ein vielversprechender Weg ist hierbei unter anderem der Aufbau eines sensiblen Naturtourismus. Denn je mehr Besucher kommen, die an einer intakten Natur interessiert sind, desto eher wird es gelingen, die Menschen davon zu überzeugen, ihr wertvolles Naturerbe langfristig zu schützen."*[133]

Gemeinsam mit Partnern vor Ort wurde Folgendes initiiert:[134]

- Es gibt erste Angebote an kleinen Familienhotels und privater Zimmervermietung.
- Der Reiseführer „Prespa-Ohrid-Region – Uralte Seen und unentdeckte Gebirge am Grünen Band Balkan"[135] hilft naturinteressierte Menschen für diese entlegene Region zu begeistern und vor Ort sanften Tourismus zu fördern.
- Unterstützung von Bauern im Anbau von Heilkräutern und dem Verkauf von Tees
- Gemeinsam mit PPNEA wurde ein Programm für energieeffiziente Öfen initiiert – was gleichzeitig den Nutzungsdruck auf Wälder vermindert und den Menschen hilft.

---

[131] Archäologische Fundstellen entlang der ehemaligen Handelsroute „Via Egnatia" – dem damaligem direkten Weg zwischen Rom und Konstantinopel
[132] vgl. PANOVSKI, Dejan in STEINMETZ, 2003, S. 70-72
[133] EuroNatur: e)
[134] ebda.
[135] erhältlich im Shop der EuroNatur-Service GmbH

## 5.1.6 Zusammenschau von Tourismus und Naturschutz im Gebiet

In der Prespa-Ohrid Region ist das Mitdenken der Bedürfnisse der lokalen Bevölkerung besonders wichtig. Es wird vor allem versucht, die oben angeführten Formen von Übernutzung zu minimieren und alternative Überlebensmöglichkeiten für die Menschen, wie den Verkauf von regionalen Produkten oder neue Einkommen aus dem Ökotourismus, zu schaffen. Dadurch gelingt es die direkte Abhängigkeit von den natürlichen Ressourcen und somit deren Überbeanspruchung zu minimieren. Zusätzlich helfen darin auch spezielle Initiativen und Programme, wie das Bauen von energieeffizienten Öfen.

## 5.2 Iron Curtain Trail (ICT) – Europa-Radweg Eiserner Vorhang

### 5.2.1 Allgemeine Informationen über den ICT

Als Initiator des Europa-Radwegs Eiserner Vorhang gilt Michael CRAMER. Dieser im Bereich Verkehr arbeitende deutsche Politiker der Grünen setzte sich zuerst für den Berliner-Mauer-Radweg ein, dann für den Deutsch-Deutschen Radweg und als Mitglied des Europäischen Parlaments für den Europa- Radweg Eiserner Vorhang, der im Jahr 2005 vom Europäischen Parlament beschlossen wurde und von der EU als *„beispielhaftes europäisches Projekt für nachhaltigen Tourismus"* [136] bezeichnet wird.
*"Der Iron Curtain Trail sollte als Beispiel für sanfte Mobilität und als Symbol für die Wiedervereinigung Europas gefördert werden."*[137]

CRAMER engagiert sich auch dafür, EU Fördermittel zum Ausbau des Radtourismus in Ostmitteleuropa zu lukrieren. Wichtig im Konzept des Iron Curtain Trail ist der geschichtliche Kontext:
*„Man muss Erinnerung sichtbar machen! Wir wissen, dass es zwischen West und Ost noch keine gemeinsame Erinnerung gibt, dass sich die Europäer im Osten und im Westen ihrer Grenze auf unterschiedliche Art und Weise erinnern, auch weil sie*

---

[136] CRAMER, 2009, S. 43
[137] vgl. CRAMER, 2011, S. 4

*von der offiziellen Politik in beiden Teilen Europas völlig konträr interpretiert worden war"*[138]

*„Rechtzeitig zum 20. Jahrestag der Friedlichen Revolution ist der nun wohl dokumentierte Iron Curtain Trail ein Symbol der Freiheit, die sich die Menschen in Ostmitteleuropa 1989 friedlich erkämpften. Und könnte es eine schönere Form der Auseinandersetzung mit der Vergangenheit geben, als die, die fast beiläufig in der schönsten Zeit des Jahres, im Urlaub geschieht?"*[139]

Es geht beim ICT also vordergründig darum, die Geschichte erfahrbar zu machen und Spuren der Vergangenheit zu bewahren.

Für den rund 6800 Kilometer langen Iron Curtain Trail sind zum Teil bestehende Patrouillenwege der Grenzanlagen hergenommen worden. Die in CRAMERS Radtourenbuch vorgeschlagene Route verläuft möglichst grenznah, auf ruhigeren Straßen, entlang von vielen Geschichtszeugnissen und auf komfortablen Wegen. Die Beschilderung und der Ausbau der Radwege sind in vielen Ländern schon erfolgt. [140] [141] Die Route geht von der Barentssee bis zum Schwarzen Meer, jedoch ohne Einbindung der drei „Abzweigungen" des Grünen Bandes zum Mittelmeer.

### 5.2.2  Der Iron Curtain Trail im Spannungsfeld von Tourismus und Naturschutz

In einer Studie über das europäische Fahrradnetzwerk Eurovelo,[142] in der überlegt wird, ob der ICT eine Eurovelo-Strecke werden soll, finden sich Angaben über die Auswirkungen von Fahrradtourismus:

*„Folgende direkte Auswirkungen des Radfahrens auf die Umwelt und die Ökosysteme lassen sich feststellen:*

*- Bodenverluste (Erosion durch Verlassen der Wege mit Auswirkungen auf die Wasserqualität);*

*- Schäden an der Vegetation;*

*- Störung der Fauna;*

*- Überfüllung (Auswirkungen auf die Erholungsqualität). Darüber hinaus wurden einige indirekte Auswirkungen festgestellt, die überwiegend durch die Anreise zu den*

---

[138] Erlebnis – Reiseliteratur: http://www.greenbelteurope.eu/
[139] CRAMER, 2009, S. 12
[140] vgl. ebda.
[141] vgl. EPPELMAN, Rainer zitiert in CRAMER, 2009, S. 10
[142] vgl. INSTITUTE OF TRANSPORT AND TOURISM, 2009

*Radwegen und in den Unterkünften (einschließlich Cafés, Restaurants, Ladenlokale usw.) verursacht werden:*
- *Energieverbrauch durch die Verkehrsträger und Beherbergungsbetriebe;*
- *Klimawandel durch Treibhausgasemissionen der Verkehrsträger und Beherbergungsbetriebe;*
- *Probleme mit der Luftqualität infolge des Verkehrs;*
- *Wasserverschmutzung durch die Beherbergungsbetriebe;*
- *Landschaftliche Probleme aufgrund von Verkehr, Parkplätzen und Beherbergungsbetrieben;*
- *Lärmbelästigung durch Transport und Verkehr."*[143]

*„Wenn eine Route durch ökologisch gefährdete Gebiete [wie am Grünen Band] oder in deren Nähe verläuft, spielen daher Umweltverträglichkeitsprüfungen eine große Rolle."*[144]

Im Abschnitt über den ICT wird zuerst angeführt, dass die IUCN neben dem Naturschutz auch die Regionalentwicklung verbessern will. *„Um Letzteres zu erreichen, wird die nachhaltige Entwicklung des Tourismus als mögliche Option betrachtet. Ein Weg zum Erreichen des Ziels ist die Förderung des Langsamreisens in Verbindung mit Fernwanderwegen."*[145] Es wird angeführt, dass die Gebiete des Grünen Bandes ein großes Potenzial zur Entwicklung eines nachhaltigen Tourismus aufweisen und *„erhebliche wirtschaftliche Gewinne vor Ort erzielt"*[146] werden können.

Außerdem sind die Auswirkungen auf die Natur und Landschaft auf ein Minimum reduzierbar. Da Fahrradinfrastrukturen schon mit geringfügigen Investitionen auskommen, ist der Fahrradtourismus mit hoher Wahrscheinlichkeit umweltfreundlicher als die meisten anderen Tourismusarten.[147]

*„Mit dem Besuchen historischer Stätten und dem Erleben von Naturparks und Naturschutzgebieten entlang des Grünen Bandes steht das Erinnern an die ehemalige Teilung Europas im Vordergrund der Reise. Neben der Wahl des Fahrrads als*

---

[143] ebda., S. 49
[144] ebda.
[145] ebda.
[146] ebda., S.119
[147] vgl. ebda., S. 60

*nachhaltige Form des Reisens hat das FAR*[148] *eine Reihe von Zielen festgelegt, mit denen die Reise klar als nachhaltiges Tourismusprodukt positioniert wird:*
*- Übernachtung in Herbergsbetrieben, die nachhaltigen Kriterien entsprechen;*
*- Empfehlung, die Anreise zu den Startorten mit öffentlichen Verkehrsmitteln vorzunehmen;*
*- Einsatz für den Natur- und Umweltschutz durch den Besuch von Naturschutzgebieten;*
*- Förderung des Interesses an Natur und Kultur;*
*- Schärfung des Umweltbewusstseins;*
*- Förderung des öffentlichen Interesses am nachhaltigen Tourismus."*[149]

Es wird der Schluss gezogen, dass Fahrradurlaub im Vergleich zu herkömmlichem Urlaub wesentlich nachhaltigere Wirkung hat. Faktoren hierfür sind die meist kürzeren Entfernungen und eine umweltfreundlichere Verkehrsmittelwahl zwischen Heimatort und Reiseziel. So wird häufiger mit der Bahn und seltener mit dem Flugzeug gereist, wodurch die $CO_2$-Bilanz deutlich besser ausfällt.[150] Außerdem werden die lokale Wirtschaft gefördert und Arbeitsplätze gesichert.

Trotz der vielen Vorteile gegenüber anderen Tourismusarten muss aus ökologischer Sicht gesagt werden, dass es durch den ICT zu einer zusätzlichen touristischen Nutzung von bisher nicht touristisch genutzten Gebieten und somit zu einer Mehrbelastung der Natur kommt.

---

[148] Forumandersreisen
[149] INSTITUTE OF TRANSPORT AND TOURISM, 2009, S. 94
[150] INSTITUTE OF TRANSPORT AND TOURISM, 2009, S. 57

# 6 Naturschutz & Tourismus: „Warum funktioniert das (nicht)?"

## 6.1 Einleitung

*„Naturschutz und Tourismus stehen in einem komplexen und von starken Wechselwirkungen geprägten Verhältnis zueinander. Auf der einen Seite steht ein grundsätzlicher Konflikt, da der Schutz von wertvollen Naturräumen deren touristische Nutzung stark einschränkt oder gar verunmöglicht. Demgegenüber braucht der Tourismus intakte Landschaften und geschützte Gebiete als Grundlage für seine Entwicklung. Auf der anderen Seite können die natürlichen Grundlagen in touristisch übernutzten Gebieten irreversibel zerstört werden (...)"*[151] [152]

ENZENSBERGER (1979) präzisiert folgendermaßen: *„Der Tourismus zerstört das, wonach er sucht, indem er es findet."*[153]

Sauberes Wasser, reine Luft, biologische Vielfalt, eine einzigartige Natur und Landschaft gelten sowohl als natürliche als auch touristische Grundlagen.[154] Werden jedoch diese Grundlagen, die auch als natürliche Ressourcen bezeichnet werden können, übernutzt, wie es beim Massentourismus der Fall ist, kann ein sogenanntes „loving to death"[155] eintreten. Darunter wird der unglückliche Fall verstanden, dass aufgrund von massivem Tourismus „geliebte" Ausflugsgebiete zerstört werden. Diese negativen Folgen touristischer Aktivitäten für die Umwelt sind:

*„(...) (1) Eingriffe und Erosion der Kultur- und Naturlandschaft, (2) die Gefährdung der Biodiversität, (3) die Degradation von Ökosystemen, (4) Luft- und Wasserverschmutzung oder Lärm"*[156]

Oder anders gesagt:

*„(...) Ausbeutung, Störung, Habitatmodifikation und Verschmutzung. Unmittelbare Folgen oder Reaktionen von Tieren und Pflanzen auf diese Einflüsse können Tod, Verhaltensänderungen, Nestaufgabe, veränderte Ernährungsgewohnheiten oder physiologische Veränderungen sein."*[157]

---

[151] TORCHALSKI (2002) in ZHAW-IUNR, O.J., S. 2
[152] reiner Stadttourismus stellt hiervon eine Ausnahme dar
[153] http://www.bfn.de/0323_iyesanft.html Zitat von ENZENSBERGER, Hans-Magnus, 1979
[154] vgl. TEMPEL in KÖHN, 1997, S. 9
[155] Buchtitel von SHIPP, 1993
[156] BUSHELL und EAGLES in ZHAW-IUNR, O.J., S. 2
[157] ZHAW-IUNR, O.J., S. 3

Im Kern besteht das Spannungsfeld zwischen Naturschutz und Tourismus aus einem Verteilungskonflikt um ein für beide Seiten hoch bewertetes „knappes Gut".

*„Den ökologischen Interessen des Naturschutzes stehen dabei zum einen eine wirtschaftliche Inwertsetzung der Landschaft durch den Tourismus und zum anderen das grundlegende Bedürfnis nach Erholung und Freizeitnutzung in der Natur gegenüber"*[158]

Die Bezeichnung „knappes Gut" lässt sich damit erklären, dass aufgrund von Verbauung, Infrastrukturen, Freizeit- und Tourismusnutzungen die intakte Natur heute „knapp" geworden ist. So lässt sich auch die Schutzwürdigkeit „intakter Natur" begründen. Diese stellt einen wesentlichen Produktionsfaktor für den Tourismus dar und gilt als Produktionsfaktor im ökonomischen Sinn.[159]

*„Die Natur ist also ein grundlegendes Kapital für den Tourismus, das jedoch durch zu starke und unkoordinierte Nutzung empfindlich gestört werden kann."*[160][161]

Die Komplexität der Wechselbeziehungen von Naturschutz und Tourismus kann sogar als sich selbst verstärkende Spirale gesehen werden. Umso besser die Naturschutzarbeit in einem Gebiet, umso interessanter wird dieses Gebiet für den Tourismus und umso höher werden die BesucherInnenzahlen und negativen Einflüsse und Belastungen.[162]

Seit 1950 ist die Zahl der internationalen Touristenankünfte auf das 36-Fache gestiegen.[163]

FIGGIS äußert die Befürchtung, dass sowohl Kultur als auch Natur kommerzialisiert werden und sogar der grundsätzlich „nachhaltige" Ökotourismus die natürlichen Ressourcen durch wirtschaftliche Ausnutzung bedroht. Auch auf die Verlagerung einer naturschutzorientierten zu einer tourismusorientierten Planung in Schutzgebieten wird mit Sorge hingewiesen.[164]

---

[158] ZIENER, 2003, S. 35
[159] vgl. ZHAW-IUNR, o.J., S. 5
[160] ebda., S. 9
[161] Beispiel hierfür ist u.a. Cancun in Mexico – vgl. CHRIST, et al., 2003, S. 21
[162] vgl. EVANS, Simon in MCCOOL und MOISEY, 2001, S. 77 ff
[163] vgl DANIELLI und SONDEREGGER, 2009, S. 13
[164] vgl. FIGGIS in BUCKLEY et al., 2003, S. 199

## 6.2 Auswirkungen der Aktivitäten von NaturtouristInnen

Da NaturtouristInnen oft sehr viele Aktivitäten in der Landschaft bzw. in der Natur durchführen, sind Auswirkungen unausweichlich. Besonders bei hoher NutzerInnenfrequenz sind massive Schäden an Flora und Fauna zu erwarten. Die weiten Anfahrtswege – oftmals per PKW – führen zu großen ökologischen Schäden. Diese variieren je nach Sportart und Verhalten der TouristInnen und können durch verschiedene Maßnahmen minimiert werden. Entlang des Grünen Bandes Europas sind praktisch alle Sportarten Europas möglich. Im Folgenden sind einige wichtige ausgewählt und deren Problematik mit Hilfe der Homepage Natur Sport Info[165] erläutert. Aufgrund der Sportnähe dieser Seite ist meist nur eine generelle Darstellung der Störungen gegeben. Es kann jedoch davon ausgegangen werden, dass bei detaillierteren Angaben anderer Quellen weitaus größere negative Auswirkungen von Natursportaktivitäten ersichtlich werden. Birdwatching ist im Folgenden genauer beschrieben, da es in Naturschutzgebieten einen vielumworbenen Tourismuszweig darstellt, dessen Folgewirkungen jedoch unterschätzt werden.
Je nach Schutzgebietskategorie sind verschiedene Teile eines Gebietes zur Erholungsnutzung freigegeben.

### 6.2.1 Wandern

„Wandern und Wanderbetrieb kann eine stärkere Wirkung auf Natur und Landschaft haben, als gemeinhin angenommen wird"[166]

Beim Wandern werden Tiere, besonders Vögel, zu beiden Seiten des Weges gestört. Je nach Tierart können die Reaktionen sehr unterschiedlich sein und sogar zum Verlassen des Lebensraumes führen.

Wenn jeder/jede auf den Wegen bleibt, was aufgrund von Wegegeboten in geschützten Gebieten ohnehin gesetzlich vorgeschrieben ist, so ist die beeinflusste Fläche relativ gering. Mit einem guten BesucherInnenlenksystem kann mit Hilfe gut durchdachter Wanderwege eine Erschließung ökologisch sensibler Gebiete verhindert werden.

Durch ungenügende Abfall- und Wasserentsorgung von Berghütten oder das Wegwerfen von Müll[167] kann der Naturraum zusätzlich belastet werden. Auch wildes

---

[165] in Zusammenarbeit des Bundesamtes für Naturschutz (BfN) in Deutschland und dem Bundesamt für Umwelt (BAFU) in der Schweiz: http://www.bfn.de/natursport/info/
[166] DANIELLI und SONDEREGGER, 2009, S. 92

Parken, Pflücken von seltenen Pflanzen oder das Mitführen von Hunden, im Extremfall ohne Leine, zählen dazu.[168]

### 6.2.2 Radfahren

Da im Normalfall nur bestehende und befestigte Wege genutzt werden, kann von geringen Einwirkungen auf den Naturraum gesprochen werden. Vereinzelt existieren jedoch Beispiele für die Störung von Wildtieren durch diese Sportart.[169]

### 6.2.3 Mountainbiking

Im Gegensatz zum Radfahren ist es beim Mountainbiking möglich, auf kleinen Wanderwegen oder sogar im Gelände zu fahren – was jedoch außer auf ausgewiesenen Strecken nicht erlaubt ist. Die Pflanzendecke kann beschädigt werden, oft bleiben auf feuchtem Boden tiefe Rillen, welche die Bodenerosion begünstigen. Aufgrund der höheren Geschwindigkeit im Vergleich zu FußgeherInnen kann ein wesentlich größerer Bereich frequentiert werden und dadurch können auch in abgelegenen Gebieten Belastungen auftreten. Störanfällige Tierarten können aufgeschreckt werden.
Als Maßnahme ist in sensiblen Gebieten der Verzicht auf Routen anzuraten. Es ist wichtig, naturverträgliche Routen gemeinsam mit Fremdenverkehrsämtern, MountainbikerInnen und Fachleuten zu planen und Verhaltensregeln zu implementieren.[170]

### 6.2.4 Klettern

Bei häufiger Frequentierung von Gebieten durch KletterInnen sind Trittschäden an Pflanzen und Bodenerosion im Zugangsbereich die Regel. In der Kletterwand können felsbrütende Vögel gestört werden. In diesem Fall ist eine (zeitlich befristete) Sperrung des Brutfelsens angebracht. Lenkungsmaßnahmen und Konfliktvermeidungsstrategien sollen von Kletterverbänden und NaturschutzvertreterInnen geplant und durchgeführt werden.[171]

---

[167] „Littering"
[168] vgl. Natur Sport Info: l) Wandern
[169] vgl. Natur Sport Info: f) Radfahren
[170] vgl. Natur Sport Info: d) Mountainbiking
[171] vgl. Natur Sport Info: c) Klettern

## 6.2.5 Reiten

Die größten Umweltauswirkungen hat nicht das Reiten an sich, sondern die dafür notwendige Infrastruktur, wie Ställe und Koppeln. Diese sollen sich außerhalb sensibler Gebiete befinden.
Beim Reiten selbst können durch ein Wegegebot Vegetationsschäden durch Hufe vermieden werden.[172]

## 6.2.6 Sportarten im Luftraum – Paragleiten, Segelfliegen

Durch derartige Sportarten können weit entlegene Gebiete aufgesucht werden. Bei Extrembedingungen wie im Winter oder bei der Brut- und Aufzuchtszeit reagieren viele Tierarten (oftmals Vögel) empfindlich - im schlimmsten Fall sogar mit der Aufgabe des Lebensraumes. Besonders wenn Flugobjekte plötzlich hinter Felskanten hervorkommen, reagieren viele Tierarten (wie Gämsen oder Steinböcke) mit Flucht. Greifvögel verteidigen oftmals ihren Brutplatz zur Brut- und Aufzuchtszeit.
Je nach Frequenz der SportlerInnen können an Start- und Landeplätzen Trittschäden und Bodenerosion auftreten. Zeitliche und räumliche Regelungen helfen die Störungen so gering wie möglich zu halten.[173]

## 6.2.7 Wintersportarten

### 6.2.7.1 Alpinschifahren – Snowboarden

Pisten sind besonders aufgrund ihrer Erschließung (Parkplätze, Restaurants, Seilbahnen, Lifte) und der aufwändigen Erhaltung oft eine schwere Belastung für den Naturhaushalt. Pistenplanierungen führen zu schweren Bodenveränderungen mit deutlich höherer Erosionsgefahr. Besonders über der Waldgrenze ist eine Regeneration kaum möglich. Die lärm- und energieintensiven Schneekanonen können bei Wildtieren zu Stress führen. Das wiederum führt zu Verbissschäden oder sogar zum Brutverlust.
Auf Gletschern beeinträchtigt die Schmutzbelastung durch Fahrzeuge, Anlagen und Schmiermittel direkt deren Funktion als Trinkwasserreservoir.[174]

---

[172] vgl. Natur Sport Info: g) Reiten
[173] vgl. Natur Sport Info: i) Segelflug
[174] vgl. Natur Sport Info: e) Alpinschifahren; j) Snowboarden

### 6.2.7.2 Schitouren, Snowboardtouren, Schneeschuhwandern

Gerade im Winter ist Nahrung für Wildtiere ein begrenztes Gut. Werden sie in die Flucht geschlagen, ist der Energieverbrauch um einiges höher. Durch Störeinflüsse werden sogar Nahrungsquellen aufgegeben. In der Folgewirkung kommt es zu einer erhöhten Sterblichkeitsrate. Besonders betroffen sind Auer-, Birk- und Schneehuhn. Gämsen, Steinböcke und Rotwild flüchten in den Bergwald und können Verbissschäden anrichten.[175]

### 6.2.8 Wassersportarten

#### 6.2.8.1 Baden

Baden führt zuerst einmal zur Schädigung von Vegetation im Uferbereich, durch bauliche Anlagen, Wege und Stege. Zusätzlich wird durch Lärm und Beunruhigung die Tierwelt gestört und z.T. in die Flucht getrieben. Auch das Vernichten von Gelegen durch direkte Zerstörung bzw. das Verlassen von diesen beeinträchtigt Vogelpopulationen. Vor allem bei den Einstiegsstellen kommt es durch Aufwirbelung und Verdichtung der Bodensedimente zu enormen Veränderungen, sowohl für Bodenorganismen als auch Unterwasserpflanzen. In Summe können große Sedimentbereiche eines Gewässers veröden. *„Sonnenöl (…) [belastet] das Wasser durch die (…) enthaltenen chemischen Substanzen. Hinzu kommen Probleme mit Müll, Fäkalien und Abwasser."*[176]

#### 6.2.8.2 Canyoning

Canyoning braucht naturbelassene, weglose Schluchten samt deren Wasserläufen. Häufig ist die Natur nur Kulisse für eigene Abenteuer. Bisherige Untersuchungen zeigen, dass neben der Intensität und Häufigkeit der Begehungen auch die Jahreszeit wichtig ist. So ist für Fischlarven[177] und Vögel Canyoning ab Ende September bis Anfang Juli besonders problematisch. Somit sind in den üblichen Sommerurlaubsmonaten Juli, August und September in dieser Hinsicht geringere negative Auswirkungen zu erwarten. Grundsätzlich sind Schluchten mit *„seltenen geschiebe-*

---

[175] vgl. Natur Sport Info: k) Tourenskilauf
[176] Natur Sport Info h)Lebensraum Seen
[177] darunter wird das Entwicklungsstadium vor den Jungfischen verstanden

*führenden Hochwassern (...) tendenziell störungsanfälliger als Schluchten mit häufigen Hochwassern"*[178].

Außerdem sind *„in weiten, flachen, sonnigen Abschnitten (...) eher negative Auswirkungen zu erwarten als in engen, steilen und schattigen Abschnitten."*[179]

### 6.2.8.3 Kanu-, Kajakfahren

Durch diese Fortbewegungsarten können prinzipiell alle Seen und Flüsse befahren werden, sogar am Meer in Küstennähe.[180] Je nach Gewässer unterscheidet man u.a. Kanuwandern oder Wildwasserfahren. Oft wird auf Wildwasser auch mit Raftingbooten gefahren.

Die Belastungen der Natur reichen im Bereich der Ein- und Ausstiegsstellen von Trittschäden bis zu Vegetationsverlust. Besonders zur Brutzeit reagieren Vögel sensibel und können leicht beunruhigt bzw. vertrieben werden. Das Röhricht dient als Rückzugsraum für viele Tierarten und ist ein äußerst sensibler Lebensraum. Wenn ein Schilfhalm beschädigt wird, dringt Wasser in das Wurzelgeflecht ein und führt zum Absterben der ganzen Schilfpflanze. In seichtem Wasser können Fischlaichplätze im Kiesbett, aber auch Unterwasserpflanzen entweder durch Grundberührung durch das Boot oder die Paddel zerstört werden.

KanuverleiherInnen, Kanuvereine und kommerzielle AnbieterInnen sollten deswegen unbedingt aufklärende Maßnahmen setzen und sich selbst umweltverträglich verhalten. Zusätzlich sollen sensible Gewässer während Niedrigwasserzeiten bzw. zu bestimmten Jahreszeiten nur mit speziellen Befahrungsregeln, oder aus Naturschutzgründen überhaupt nicht, befahren werden.[181]

### 6.2.9 Motorisierte „Sportarten"

Jeder Eingriff in die Natur hat Auswirkungen. Neben den oben genannten Sportarten gibt es natürlich noch viele mehr. Vor allem motorisierte Sportarten haben die meisten Auswirkungen. Zu nennen sind vor allem das Fahren zu Wasser mit Motorbooten oder Wassermotorrädern und zu Land mit Motocrossbikes oder Quads. Die enorme Lärm- und Abgasentwicklung löst Flucht- und Meidereaktionen aus und führt

---

[178] Natur Sport Info: a) Canyoning
[179] ebda.
[180] Als Extrembeispiel kann Hannes LINDEMANN angesehen werden. Er hat in den 1960er Jahren allein im Faltboot den Atlantik überquert.
[181] Natur Sport Info: b) Kanu, Kajak

auf Dauer zu Störungen des Verhaltens und der Lebensweise. Im Fall von Offroadfahren sind enorme Boden- und Vegetationsschäden vorprogrammiert.[182] Derartige „Sportarten" haben nichts mit Naturtourismus zu tun und in Naturschutzgebieten nichts verloren.

### 6.2.9.1 Zelten - Camping

Je nach Gesetzeslage ist Wildes Zelten und/oder Wildes Campen erlaubt oder verboten. Entlang des Grünen Bandes ist beides grundsätzlich in Norwegen, Estland, Lettland, Litauen[183] erlaubt. Negative Einflüsse sind das Hinterlassen von Abfällen und die Verschmutzung mit Fäkalien, was zu einer Eutrophierung – auch von Gewässern – führt. Des Weiteren sind Einwirkungen auf die Vegetation, eine Änderung des Aktivitätsverhaltens von Wildtieren, Erdverdichtung und veränderte Wasserabflüsse die Folge. In heißen, trockenen Gebieten steigt die Feuergefahr.[184]

Wildes Campen mit Wohnmobilen hat dementsprechend größere Auswirkungen auf Boden, Wasser und Vegetation, ist jedoch auf die Nähe befahrbarer Wege beschränkt.

### 6.2.10 Naturbeobachtung - Birdwatching

Unter Birdwatching wird das Beobachten und Identifizieren von Vögeln, sowohl optisch als auch akustisch verstanden. Laut SEKERCIOGLU bilden BirdwatcherInnen die größte Gruppe von ÖkotouristInnen. Im Durchschnitt sind sie gebildet, achten die Natur, sind wohlhabend und mit Eifer bei diesem Hobby. Birdwatching wird sogar als das umweltbewussteste Segment des Ökotourismus bezeichnet und gibt den bedrohten Naturgebieten dieser Welt wirtschaftliche Hoffnung. Zur Veranschaulichung nennt MUNN[185] den Ara (eine Papageienart), in Südost-Peru, der Lehmablagerungen aufsucht, als Beispiel. Jeder Ara hat dort jährlich 750 – 4700 US $ aus touristischen Einnahmen erwirtschaftet. Auf seine Lebenszeit hochgerechnet macht das 22.500 – 156.000 US $. Bei derart hohen Einnahmen ist es nicht verwunderlich, dass es weltweit mindestens 127 Firmen gibt, die Birdwatchingtouren anbieten. Die durch-

---

[182] Natur Sport Info: m) Wassermotorrad; eigene Ergänzung mit Motocrossbikes und Quads – diese sind auf der NaturSportInfo Hompage – aus logischen Gründen - nicht zu finden
[183] http://www.spiegel.de/reise/europa/0,1518,694002,00.html
[184] vgl. PICKERING, JOHNSTON, GREEN, et al. in BUCKLEY et al. (2003) S. 128
[185] vgl. MUNN (1992) in SEKERCIOGLU, 2002, S. 283

schnittliche Reise der sechs größten Firmen hat 12 TeilnehmerInnen und kostet je 4.000 US $ pro TeilnehmerIn.

Birding, so wird dieses Hobby auch genannt, wird unabhängig von der Saison auch in ansonsten touristisch ungenutzten Gebieten betrieben.
Das wirtschaftliche Potential von Birdwatching ist also enorm und im Vergleich zu vielen Sportarten, bzw. zur Jagd, sind die Einflüsse auf die Umwelt relativ gering. Dennoch sind viele Vogelarten sehr störungsempfindlich und bedroht und sollten daher nicht gestört werden. Auf der anderen Seite kann jedoch durch die außergewöhnlich hohe Zahlkraft von BirderInnen, die ja nur wegen der Vögel in ein Gebiet reisen, das Bewusstsein der lokalen Bevölkerung über den Wert intakter Natur steigen. Für gewöhnliche ÖkotouristInnen hingegen reichen laut SEKERCIOGLU schon ein schlammiger Waldweg, ein Wasserfall und wenige besondere Arten für ein „exotisches" Abenteuer. In Entwicklungsländern bietet Birding der indigenen Bevölkerung die Möglichkeit ihr enormes Wissen über die Natur zu erhalten und, anstatt unterbezahlte Arbeiten zu verrichten, als qualifizierte Guides zu arbeiten.
Kurzfristige Profitgier kann AnbieterInnen von Touren leider dazu führen, teure Messungen über den Grad der Verschmutzung, Störungen des Lebensraumes und Beunruhigung von Wildtieren oder sonstige schädliche Einwirkungen einzustellen. Das geht mit dem Verlust der lokalen Kontrolle und den geringeren lokalen Einkünften einher. Da es unter BirderInnen üblich ist, Listen mit den beobachteten Arten zu schreiben, kann es vorkommen, dass ornithologische „Highlights", sprich seltene oder sogar bedrohte Arten, besonders hohem Druck ausgesetzt werden. Das sollte jedoch unbedingt vermieden werden, damit BirdwatcherInnen nicht am Aussterben von Arten beteiligt sind.
SEKERCIOGLU betont jedoch die meist relativ geringen Umwelteinwirkungen des Birdings, die großen Chancen, „Heimische" auf den Umweltschutz aufmerksam zu machen und Geld für erfolgreichen Schutz der Vögel zu erwirtschaften.
Im Folgenden sind positive und negative Auswirkungen aufgeführt sowie Empfehlungen für Birdwatching. [186]

---

[186] vgl. SEKERCIOGLU, 2002, S. 282 - 289

| Positive Auswirkungen von Birdwatching | Negative Auswirkungen von Birdwatching | Empfehlungen für optimales Birdwatching |
|---|---|---|
| *schafft Verbindung zwischen Biodiversität und lokalem Einkommen | *Störung von Vögeln durch das Abspielen von Tonbändern und Annäherung | *ethische Birdwatching-Maßnahmen aufrechterhalten bzw. darauf bestehen |
| *finanzieller Anreiz die Natur zu schützen | *verstärkter Nestraub und Aufgabe von Nestern | *Nester, Brutkolonien und Jungvögel vermeiden |
| *weniger Schaden und mehr Einkommen als durch konventionellen Tourismus | *verstärkte Störung von seltenen / bedrohten Arten | *besondere Schonung von bedrohten und seltenen Arten |
| *stärkt die lokale Kontrolle aufgrund der einzigartigen Vogelarten | *Verschmutzung und Habitatzerstörung durch BesucherInnen | *Verminderung des Tonbandeinsatzes |
| *neue Gebiete abseits gewöhnlicher Reiserouten werden besucht | *Geldabfluss aus lokalen Kommunen | *Vermeidung des Gesehenwerdens von Vögeln (Tarnung) |
| *das Wissen von lokaler Naturkunde wird geschätzt | *Ärger von ausgeschlossenen lokal Ansässigen | *keine weitere Annäherung, sobald ein Vogel den/die BirdwatcherIn sieht |
| *lokale Guides werden ausgebildet und beschäftigt | *Erosion der Kultur in Zusammenhang mit Tourismus | *auf Straßen und Wegen bleiben |
| *Schaffung von Fördermitteln für Schutz von Vögeln | | *die Verwendung von Fernrohren zur Beobachtung und für die Fotografie |
| *Beitrag zu ornithologischem Wissen | | *Bildung von Einheimischen über Vögel und deren finanzielle Vorteile |
| | | *Unterstützung von lokalen Einrichtungen mit geringen Einwirkungen |
| | | *Beitritt zu Vogelschutz-NGOs |
| | | *Ausbildung von Guides |

Tabelle 4: Auswirkungen von Birdwatching und Empfehlungen, um Störungen zu minimieren und die lokale Mitbestimmung zu maximieren. Eigene Darstellung nach SEKERCIOGLU (2002)

## 6.3 Verhältnis von Tourismus und Naturschutz – Kann nachhaltiger Tourismus erreicht werden?

Folgende Abbildung soll das Verhältnis von Tourismus und Naturschutz verdeutlichen:

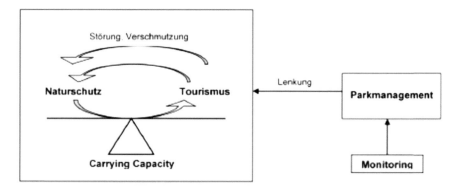

Abbildung 4: Das Nachhaltigkeitsprinzip – Wirkungsgefüge: Nachhaltigkeit – Tourismus – Parkmanagement nach ZHAW-IUNR (O.J.)

Wie schon in der Einleitung angedeutet, werden in Abb. 5 die Wechselbeziehungen von Naturschutz und Tourismus deutlich.

„Jeder (…) hat die Möglichkeit, durch verantwortungsbewusstes Handeln die Eingriffe in das Ökosystem zu minimieren. Sei es durch die Anreise mit öffentlichen Verkehrsmitteln, die Auswahl umweltfreundlicher Unterkünfte oder durch die Einhaltung der vorgegebenen [Wege und] Pisten."[187]

Der Naturschutz stellt Angebote und Vermarktungsmöglichkeiten zur Verfügung und gilt als Grundlage des Tourismus – dieser jedoch beeinträchtigt die Natur, hilft aber auch Einnahmen zur Mitfinanzierung des Naturschutzes zu machen. Sowohl Tourismus als auch Naturschutz sind auf die Waage der Carrying Capacity gelegt. Diese soll helfen die Belastungs- bzw. Tragfähigkeit eines Raumes zu beschreiben. Wird die Carrying Capacity überschritten, so sind Beeinträchtigungen bzw. Schädigungen

---

[187] DANIELLI und SONDEREGGER, 2009, S. 95

des Systems die Folge.[188] Es gilt zu bedenken, dass auch naturorientierte TouristInnen in Massen auftreten und demensprechende Folgen anrichten können. [189]

Ein Monitoring soll anhand von Indikatoren die Einhaltung der Carrying Capacity überwachen und stellt die Grundlage für das Parkmanagement dar.

*"Im Bereich der Schutzgebiete ist ein wirkungsvolles Parkmanagement, das in der Lage ist, die Tourist[Inn]enströme raum-zeitlich zu erfassen, zu lenken und besonders sensible Zonen von der touristischen Nutzung auszuschließen von grundlegender Bedeutung."*[190]

Es ist sinnvoll Freizeitnutzung und Naturschutz in sensiblen Bereichen (klein)räumlich zu trennen.

Da ohnedies die heutige Landschaft vorwiegend vom Menschen dominiert ist, soll es auch Naturvorranggebiete – ohne menschlichen Zutritt - geben. [191]

Durch eine räumliche Konzentration der Erholungsnutzung – mit lokal höheren Belastungen des Naturhaushaltes – wird der Großteil eines Schutzgebietes aber deutlich entlastet.[192]

In Sachen Limitierung der BesucherInnenzahlen muss das Land Bhutan aufgrund seines vorbildhaften Verhaltens besonders hervorgehoben werden. Die jährliche Zahl der TouristInnen wurde auf maximal 2000 beschränkt. Außerdem sind nur geführte Gruppenreisen erlaubt. Dank dieser Reglementierungen sind in Bhutan keine negativen Auswirkungen des Tourismus auf die Umwelt bekannt.[193]

*"Verantwortung für einen umwelt- und sozialverträglichen Tourismus zu übernehmen, kann auch heißen, freiwillig Verzicht zu üben. Es ist ebenso ökonomisch wie moralisch, auf touristische Investitionen zu verzichten und freiwillig die Urlaubskontingente in bestimmten Gebieten nicht mehr zu steigern, wenn das für Bevölkerung und Umwelt erträgliche Maß erreicht oder gar überschritten ist."*[194]

---

[188] vgl. ZHAW-IUNR, o.J., S. 4 und 10
[189] DANIELLI und SONDEREGGER, 2009, S. 23
[190] ZHAW-IUNR, o.J., S. 9
[191] vgl. DANIELLI und SONDEREGGER, 2009, S. 113
[192] vgl. ebda., S. 116
[193] ARBEITSGRUPPE ÖKOTOURISMUS, 1995, S. 68
[194] OPASCHOWSKI, 1999, S. 208

Als Beispiel hierfür kann auch das Villgratental in Osttirol gelten. Mit dem Ausspruch „Kommen Sie zu uns – wir haben nichts!"[195] im Jahr 2005 wurde „im Namen des wahren Wintersports"[196] gegen Schilifte protestiert.

„In Industrieländern besteht vor allem in der Nähe von industriellen Ballungszentren wiederum die Gefahr, dass Nationalpärke zur Natur-Disney World mit Naherholungsfunktion verkommen und somit der eigentliche Sinn, nämlich der Schutz und der Erhalt von schützenswerter, einmaliger Natur, auf der Strecke bleibt."[197]

### 6.3.1 Finanzierung

Da Naturschutzgebiete oft in strukturschwachen Regionen liegen, ist der wirtschaftliche Nutzen in der Region oft ein wichtiges Ziel des Parkmanagements.[198] Bei einem einzigartigen Angebot kann die Wertschöpfung im naturnahen Tourismus sehr groß sein.[199]
Durch Tourismus können Einnahmen entstehen, die direkt in Schutz und Umweltbildung investiert werden können. Dafür muss natürlich ein Angebot kaufbarer Produkte und Dienstleistungen in der Region vorhanden sein.[200] Wichtig ist, dass die Produkte vor Ort umweltschonend hergestellt und die Regeln des Fairen Handels beachtet werden. So werden lokales Gewerbe und die traditionelle Landwirtschaft – die das Landschaftsbild wesentlich geformt hat – gefördert und erhalten. Dadurch kann erklärt werden, warum Naturschutzorganisationen oft für sanften Tourismus eintreten.
Die generierten Einkommen müssen aber auch wirklich in der Region bleiben, um die lokale Wirtschaft zu erhalten und anzukurbeln.[201]

Wenn erkannt wird, dass kulturelle und natürliche Werte vor Ort ein wesentlicher wirtschaftlicher Faktor sind, kann es auch zu öffentlichem und politischem „Engagement für den Schutz dieser Werte" kommen.[202] Allem Anschein nach wird politischer

---

[195] http://www.zeit.de/2005/49/Villgratental
[196] ebda.
[197] DANIELLI und SONDEREGGER, 2009, S. 123
[198] vgl. ebda., S. 107
[199] So wurden aus den Einnahmen aus Reisen zu Gorillas in Ruanda weitere Schutzgebiete finanziert vgl. DANIELLI UND SONDEREGGER, 2009, S. 106
[200] Punkte für eine erfolgreiche Wertschöpfung: DANIELLI und SONDEREGGER, 2009, S. 107
[201] vgl. DANIELLI und SONDEREGGER, 2009, S. 150
[202] vgl. DANIELLI und SONDEREGGER, 2009, S. 107

Naturschutz oft aus wirtschaftlichen Gründen errichtet. Wie so oft hängt fast alles vom Geld ab.

Auf der anderen Seite entstehen durch erhöhte BesucherInnenzahlen auch viele Kosten, besonders aufgrund der steigenden Anforderungen an die Infrastruktur, wie z.B. die Müllentsorgung und Abwasserreinigung. Wenn Liegenschaften und Grundstücke im Wert steigen, können diese nur mehr für Reiche leistbar sein. Das wiederum kann dazu führen, dass Einheimische aus der Region verdrängt werden.[203]

### 6.3.2 Trends im naturnahen Tourismus

Naturnaher Tourismus liegt im Trend. Die MitgliederInnenzahlen bei Bergsportvereinen und die Eintritte in Nationalparke steigen in letzter Zeit ständig. Laut DANIELLI ist sogar von einem Megatrend die Rede. U.a. sprechen ein steigendes Bildungsniveau, die sich ändernde Rolle der Frau und des Mannes, ein steigendes Bewusstsein für soziale Ungleichheiten und Umwelt dafür.[204] Komfort wird auch bei Erlebnis und Abenteuer wichtiger. „Naturerlebnisse in geschütztem Rahmen" – sogenannter „soft ecotourism", wie z.B. mittels geführter Touren, legen an Bedeutung zu. Der Markt für „hard ecotourism", also anstrengende Reisen auf eigene Faust meist ohne Komfort, gilt als beschränkt. Buchbare Angebote gewinnen an Bedeutung, da sowohl eine intensive eigene Vorbereitung wegfällt als auch eine gewisse Mindestqualität garantiert wird. Auch Marken und Labels werden immer wichtiger. So stehen Bergsportschulen für Qualität, Sicherheit und naturnahe Erlebnisse. Doch aufgrund ihrer öffentlichen Organisation stehen auch UNESCO-Weltnaturerben oder Nationalparks für ein vielfältiges Angebot.

*„Naturtourismus ist in der Regel nur dann nachhaltig, wenn er mit möglichst geringem Energieaufwand und im*
*Umfeld der dicht besiedelten Industrieländer und deren Städte betrieben werden kann"*[205]

---

[203] vgl. ebda., S. 110
[204] vgl. ebda., S. 141 ff
[205] ebda., S. 141

### 6.3.3 Deckmäntelchen Ökotourismus

Grundsätzlich steht fest, dass naturverträglicher Tourismus möglich ist:
*„Werden Tourismus und Naturschutz erfolgreich aufeinander abgestimmt, kann eine sich selbstverstärkende, positive Spirale zwischen den zwei Bereichen erzeugt werden, in der ein Bereich den anderen fördert und stützt (...)"*[206]

Doch leider gibt es hiervon immer wieder Ausnahmen. So bemerkt SEKERCIOGLU, dass in einigen Fällen unter dem Deckmantel des Ökotourismus schon die lokale Bevölkerung von den Nutzen ausgeschlossen, die Profite aus dem Gebiet abgezogen, die Wildtiere gestört, das Gebiet verschmutzt oder Lebensräume vollständig vernichtet wurden. Auch Landspekulation kam vor. Von manchen wird Ökotourismus sogar als eine neue umwelt-zerstörerische Vermarktungsstrategie gesehen.

HONEY spricht in diesem Zusammenhang von einem „ecotourism lite", einer abgespeckten Form des Ökotourismus. Hierbei werden einige oberflächliche Aspekte des Ökotourismus übernommen, ohne jedoch die ökologisch nicht einwandfreien Geschäftspraktiken zu ändern. Das bringt eher mehr Schaden als Nutzen. Sogar Motorbootfahrten in engen Schluchten und das Erschrecken von Elefanten mittels Paintball-Gewehren wurde „Ökotourismus" genannt. [207] [208]

Es wird ersichtlich, dass Ökotourismus erst entwickelt werden muss. Festgelegte zertifizierte Standards sollen helfen, den Missbrauch des Begriffs zu vermeiden und einen momentan noch (fast) nicht vorhandenen, idealen Ökotourismus zu entwickeln und implementieren. Das kann vor Missbrauch des Ökotourismus als Deckmäntelchen für gewöhnliche touristische Angebote schützen.

### 6.3.4 Conclusio: Tourismus - Naturschutz

Das Verhältnis von Tourismus und Naturschutz ist sehr komplex und wird in der Literatur oftmals widersprüchlich diskutiert, ohne dass sich eine einheitliche Lehrmeinung findet. Grundsätzlich gilt idealer Ökotourismus als Wunsch bzw. als höheres Ziel.[209]

---

[206] ZHAW-IUNR, o.J., S. 3
[207] vgl. SEKERCIOGLU, 2002, S. 282
[208] vgl. HONEY, 1999, S. 49
[209] Dieses ist laut der Meinung einiger jedoch derzeit nicht erreichbar.

Im Gesamten wird deutlich, dass in Naturschutzgebieten nur spezielle, umweltschonende, landschaftsbezogene und nachhaltige Formen von Tourismus stattfinden dürfen[210]. Es muss auch darauf hingewiesen werden, dass durch die Einrichtung eines Schutzgebietes nicht von selbst ein „regionalwirtschaftlicher Automatismus"[211] in Gang gesetzt wird. Stattdessen kann sie nur als Starthilfe in einer nachhaltigen regionalwirtschaftlichen Entwicklung gesehen werden. Weiters sind eine gemeinsame Zielrichtung aller Beteiligten (Behörden, Schutzgebietsverwaltung, private TouristikanbieterInnen, Tourismusindustrie etc.) und die sorgfältige Planung des Tourismus notwendig, um alle positiven sozioökonomischen Effekte und den regionalökonomischen Erfolg eines Schutzgebietes eintreten lassen zu können.[212]

Wichtig ist auch hervorzuheben, dass es erst wenige gelungene Beispiele von Ökotourismus in Schutzgebieten gibt[213] und folglich Tourismus nicht automatisch zu positiven Effekten für den Naturschutz führt.

Im Folgenden wird das höhere Ziel der ÖkotourismusbefürworterInnen dargestellt:
„Gelingt es, den Tourismus schonend in Natur und Gesellschaft zu integrieren, kann eine Region langfristig davon profitieren. Die positiven Effekte unterstützen den Naturschutz in der Region und tragen zur Sicherung des Weiterbestandes des touristischen Produktionsfaktors sowie der Festigung der regionalen Identität bei. Mit einem erfolgreichen, partizipativ entwickelten Projekt und guter Kommunikation lassen sich das Bewusstsein und die Akzeptanz für Schutzmassnahmen, sowohl bei den Tourist[Innen]en, als auch bei der lokalen Bevölkerung steigern."[214]

Dieses Zitat beschreibt das hoch gesteckte Ziel. BUSHELL meint dazu recht nüchtern:
„Die Herausforderung besteht darin, wirtschaftliche Gewinne zu erzielen, ohne anderen Werten Schaden zuzufügen"[215]

Auch die ARBEITSGRUPPE ÖKOTOURISMUS ist, trotz all den negativen Beispielen, überzeugt, dass echter Ökotourismus anderen Formen von wirtschaftlicher Entwicklung, wie Forstwirtschaft, Bergbau oder Agrarwirtschaft, vorzuziehen sei, da er -

---

[210] vgl. SCHARPF, Helmut in BUCHWALD und ENGELHART, 1998, S. 43
[211] GETZNER et al., 2002, S. 32
[212] vgl. ebda., S. 32
[213] vgl. ARBEITSGRUPPE ÖKOTOURISMUS, 1995, S. 91
[214] ZHAW-IUNR, o.J., S. 10
[215] BUSHELL in BUCKLEY et al., 2003, freie Übersetzung

richtig durchgeführt - das Potenzial aufweist, sowohl Naturgebiete zu schützen als auch die lokale Bevölkerung zu unterstützen.[216]

SUCHANEK macht Schluss mit den Wunschvorstellungen von idealem Ökotourismus. So stellt der Ökotourismus unter den gegenwärtigen Strukturen und Machtverhältnissen keine Alternative zum aktuellen, umweltschädigenden und sozial bedenklichen Tourismus dar. SUCHANEK führt fort, dass Ökotourismus zur Zeit nur ein Zusatzgeschäft in Tourismus-Chefetagen darstellt.[217]

*„(...) [Der] gegenwärtige Naturtourismus bzw. naturnahe Tourismus [ist] als eine zusätzliche Bedrohung für die biologische und kulturelle Vielfalt zu betrachten. (...) Dabei könnte echter, von Einheimischen kontrollierter «Öko- und Fair-Trade-Tourismus» eine tatsächliche Chance zum Schutz der Biodiversität sein. Doch nur, wenn er bestehende Tourismusformen ersetzt und nicht wie bisher ergänzt"*[218]

## 6.4 Schutzkategorien und deren Eigenschaften - Management

Entlang des Grünen Bandes Europas sind alle IUCN- und UNESCO-Schutzkategorien vertreten[219]. Es gilt jedoch zu bedenken, dass momentan nur rund 55 % des zentraleuropäischen Grünen Bandes gesetzlich geschützt sind.[220] Für Deutschland gibt es jedoch Bestrebungen, die gesamte Fläche des Grünen Bandes aufgrund ihrer Bedeutsamkeit als „Nationales Naturmonument" auszuweisen. Hierbei handelt es sich um eine neue Schutzgebietskategorie des deutschen Bundesnaturschutzgesetzes, die der IUCN Kategorie III entspricht.[221]

---

[216] vgl. WEAVER (1998) in SEKERCIOGLU, 2002, S. 282
[217] vgl. DANIELLI und SONDEREGGER, 2009, S. 148
[218] ebda., S. 148
[219] vgl. Tabelle 3, in dieser Arbeit
[220] vgl. ttp://www.naturschutzbund.at/details-zu-archivierten-ausgaben/items/natur-und-land-heft-nr-2-2009-europas-gruenes-band-natur-ist-grenzenlos.html#Lückenanalyse
[221] vgl. http://www.bund.net/nc/presse/pressemitteilungen/detail/artikel/gruenes-band-muss-einzigartiges-nationales-naturmonument-werden-bund-begruesst-vorschlag-von-bundes/

### 6.4.1 IUCN-Schutzkategorien

Die IUCN (International Union for Conservation of Nature and Natural Resources), als eine Vereinigung von verschiedensten Organisationen weltweit, versucht u.a. einerseits Private, Behörden bzw. verschiedene Organisationen beim Schutz von Naturgebieten zu unterstützen und andererseits einen Überblick über die verschiedensten weltweiten Schutzgebiete zu erhalten. Um internationale Vergleiche anstellen zu können, sind alle IUCN-Schutzgebiete in sieben Kategorien eingeteilt (siehe folgende Tabelle). Diese unterscheiden sich u.a. in der hauptsächlichen Funktion.[222]

| Kategorie | Bezeichnung | hauptsächliche Funktion |
|---|---|---|
| Ia | Strenges Naturreservat | Forschung |
| Ib | Wildnisgebiet | Schutz von großen und unberührten Wildnisarealen |
| II | Nationalpark | Schutz von Ökosystemen und Erholung |
| III | Naturdenkmal | Schutz einer besonderen Naturerscheinung |
| IV | Biotop-/Artenschutzgebiet | Schutzgebiet, für dessen Management gezielte Eingriffe erfolgen |
| V | Geschützte Landschaft / Geschütztes Meeresgebiet | Schutz einer Landschaft / eines marinen Gebietes und Erholung[223] |
| VI | Ressourcenschutzgebiet | nachhaltige Nutzung natürlicher Ökosysteme |

Tabelle 5: IUCN Schutzgebietskategorien. Eigene Darstellung nach IUCN (1994) und DANIELLI und SONDEREGGER (2009)

### 6.4.2 UNESCO-Schutzkategorien

Im Gegensatz zur IUCN erlässt die UNESCO[224] (Organisation der Vereinten Nationen für Erziehung, Wissenschaft und Kultur) selbst Schutzgebiete, das Ansuchen um Aufnahme einer Stätte in die Welterbeliste jedoch erfolgt immer durch einen Staat. Das Welterbekomitee beurteilt dann, ob diese Stätten eine *„herausragende universelle Bedeutung aus historischen, künstlerischen oder wissenschaftlichen Gründen haben*[225]*"*. Einzigartigkeit, Authentizität[226] und Integrität[227] sind neben einem funktio-

---

[222] vgl. DANIELLI und SONDEREGGER, 2009, S. 98
[223] Laut DANIELLI und SONDEREGGER (2009) sind die Europäischen Schutzgebiete dieser Kategorie besonders gut für Tourismus geeignet, da sie bewohnt sind und über bauliches Erbe verfügen.
[224] United Nations Educational, Scientific and Cultural Organization
[225] DANIELLI und SONDEREGGER, 2009, S. 101
[226] historische Echtheit

nierenden Management- und Erhaltungsplan entscheidende Kriterien für eine Aufnahme. Der internationale Rat für Denkmalpflege (ICOMOS) und die IUCN beraten das Komitee und evaluieren die Einreichungen.

*„In die Welterbeliste der UNESCO aufgenommen, werden die Stätten unter die Obhut der internationalen Staatengemeinschaft gestellt. Mit der Unterzeichnung der Konvention verpflichtet sich aber jedes Land, die innerhalb ihrer Landesgrenzen gelegenen, in die Welterbeliste eingetragenen Stätten zu schützen. Bereits für die Einreichung müssen alle gesetzlichen Maßnahmen zum Schutz des eingereichten Gebietes getroffen sein. Das heißt, nicht die Konvention bewirkt den Schutz, sie setzt ihn vielmehr voraus."*[228]

Die UNESCO besitzt – mit Ausnahme der Streichung von der Welterbeliste - keine Sanktionsmöglichkeiten. Somit ist keine Schutzgarantie bei Verstößen gegeben.[229]

| UNESCO - Schutzkategorien | Charakteristika | | |
|---|---|---|---|
| UNESCO Biosphärenreservat | besteht aus | Flächenanteil | |
| | *Kernzone | mind. 3% | ohne menschliche Nutzung |
| | *Pflegezone | mind. 10 % | land- und forstwirtschaftliche Nutzung mit Auflagen |
| | *Entwicklungszone | mind. 50 % | enthält Dörfer u. Infrastruktur |
| | ein Nationalpark kann Teil eines Biosphärenreservates sein | | |
| UNESCO Welterbestätte | a) Weltnaturerbe | | geologische Formationen, Fossilienfundstätten, Naturlandschaften, Schutzreservate von vom Aussterben bedrohten Tieren und Pflanzen |
| | b) Weltkulturerbe | | Baudenkmäler, Stadtensembles, Kulturlandschaften, Industriedenkmäler, Kunstwerke, wie Felszeichnungen |

Tabelle 6: UNESCO-Schutzkategorien. Eigene Darstellung

---

[227] Unversehrtheit
[228] http://www.unesco.at/kultur/welterbe/index.htm
[229] vgl. ebda.

# 7 Diskussion

Bei der Entstehung des Grünen Bandes war zu Beginn der Naturschutz das einzige Ziel dieser Initiative.[230] Seit dem Fall des Eisernen Vorhangs wächst der Druck auf das Grüne Band ständig. Sanfter Tourismus wird jetzt sogar direkt von Naturschutzorganisationen initiiert und gefördert.[231] Neben der Bedeutung für den Naturschutz gilt das Grüne Band auch als historisches Mahnmal und stellt Chancen für nachhaltige Regionalentwicklung dar. Um das Grüne Band weiterhin als wertvolles *„Rückgrat eines Biotopverbunds"*[232] und als geschichtliches Mahnmal zu erhalten, ist neben den klassischen Naturschutzmaßnahmen, eben auch die Unterstützung von politischer Seite und der Einbezug der lokalen Bevölkerung wichtig.

Aufgrund der oft noch immer peripheren wirtschaftlichen Lagen einzelner Regionen am Grünen Band wird die Bedeutung einer nachhaltigen Regionalentwicklung besonders deutlich erkennbar. Auch der Erhalt bzw. der Wiederaufbau der kulturellen Vielfalt der einzelnen Regionen mit den jeweiligen charakteristischen traditionellen Bewirtschaftungsformen zählt dazu. Wesentlicher Bestandteil einer nachhaltigen Regionalentwicklung stellt nachhaltiger Tourismus dar.[233]

Dieser muss jedoch wirklich nachhaltig sein und genau kontrolliert werden, denn aufgrund des enormen menschlichen Erfindungsreichtums kann heutzutage jeder kleinste Fleck in der Natur auf irgendeine Art sportlich genutzt werden. Sogar das „Fahrradfahren" auf Gewässern ist möglich.[234] Durch die rasch steigende Zahl an neuen Sportarten wird der Nutzungsdruck auf immer sensiblere Bereiche ausgeweitet. Auch Land- und Forstwirtschaft und neue Verkehrswege spielen neben dem Tourismus eine große Rolle. Bereits entstandene Lücken im Grünen Band müssen wieder geschlossen werden – im Fall von großen Verkehrswegen sind Grünbrücken und Wildtierkorridore zu bauen. Wichtig ist es auch, z.B. durch staatlichen Flächentausch den Anteil von Privatbesitz am Grünen Band zu minimieren. Das kann mit Hilfe von Flurneuordnungsverfahren geschehen und soll helfen den durchgehenden Biotopverbund dauerhaft zu erhalten bzw. wiederherzustellen.

---

[230] vgl. Resolution (1989) in dieser Arbeit S. 3
[231] vgl. Kapitel 4.3 in dieser Arbeit
[232] ULLRICH et al., 2009, S. 457
[233] vgl. ebda
[234] http://www.mountainwaterbikes.de/

In Anbetracht der ständig stärker werdenden (touristischen) Einwirkungen auf das Grüne Band Europas ist es wichtig, Gebiete komplett außer Nutzung zu stellen (Kernbereiche in Nationalparks) und die Kulturlandschaften zu erhalten (z.B. vor Verbuschung zu bewahren). TouristInnenmassen sollen durch BesucherInnenlenkungs- und –bildungs-Maßnahmen in umweltverträgliche Bahnen gelenkt werden.

Wie in dieser Arbeit ausführlich erörtert, kann gut durchgeführter Ökotourismus positive Effekte sowohl für den Menschen als auch die Natur haben. Im Idealfall hilft er schädliche Einflüsse zu minimieren, alternative Einkommen in der Region zu erzeugen und den Wert der Natur zu veranschaulichen. Derartigen Tourismus wollen die Naturschutzorganisationen in den ökologisch wertvollen Gebieten. Das kann jedoch nur mit guter Planung, geeigneten Maßnahmen und ausreichenden Kontrollmöglichkeiten gelingen.[235]

Aus globaler Sicht gibt es einige vergleichbare Projekte wie das Grüne Band Europas. So z.B. die Yellowstone to Yukon Initiative (Y2Y) in den USA oder den Mesoamerican Biological Corridor (MBC) in Mittelamerika. Da wie dort spielen der Schutz der Natur und die Unterstützung einer nachhaltigen Regionalentwicklung eine gewichtige Rolle. Auch die Demilitarized Zone (DMZ) zwischen Nord- und Süd-Korea wird sich im Fall einer eventuellen Wiedervereinigung der beiden Staaten – aus naturschutzfachlicher Sicht - hoffentlich ähnlich wie die anderen Initiativen entwickeln. Studien über ein derartiges Gebiet können auf der ganzen Welt von Nutzen sein. Bei ausreichender Vernetzung der Interessensgruppen können Erkenntnisse über das Grüne Band Europas mitunter auch für die anderen Initiativen von hohem Nutzen sein.

Schon allein innerhalb Europas bieten sich weitere Möglichkeiten für Biotopverbundsysteme an – so z.B. an der Grenze zwischen Polen, Weißrussland und der Ukraine, die eine ähnliche Geschichte wie das Grüne Band Europas hatte und als Region mit der höchsten europäischen Biodiversität bezeichnet werden kann.

---

[235] vgl. ULLRICH et al., 2009, S. 457 ff

Obwohl Stimmen für den Weltfrieden immer lauter werden,[236] werden auch in der heutigen Zeit noch immer „Eiserne Vorhänge" errichtet. Die EU-Außengrenze kann hierfür als Beispiel dienen. So ist sie z.B. zwischen Polen und Weißrussland teilweise mit Zäunen „gesichert". Sogar zwei benachbarte Nationalparks wurden durchtrennt.[237]

---

[236] „Es rühme sich nicht, wer sein Vaterland liebt, sondern wer die ganze Welt liebt. Die Erde ist nur ein Land, und alle Menschen sind seine Bürger." Zitat von BAHA'U'LLAH, aus der Bahá'í Religion
[237] vgl. TERRY et al. in TERRY et al., 2006, S. 196 ff

# 8 Literaturverzeichnis

## 8.1 Analoge Quellen

### 8.1.1 Monografien

ARBEITSGRUPPE ÖKOTOURISMUS (Hrsg.) (1995): Ökotourismus als Instrument des Naturschutzes?: Möglichkeiten zur Erhöhung der Attraktivität von Naturschutzvorhaben. Köln, London: Weltforum Verlag.

BACHLEITNER, R. (Hrsg.) (1999): Grenzenlose Gesellschaft – grenzenloser Tourismus. München, Wien: Profil-Verlag.

BUCHWALD, K.; ENGELHART, W. (1998): Umweltschutz: Grundlagen und Praxis; Band 11: Tourismus und Umwelt. Bonn: Economica Verlag.

BUCKLEY, R.; PICKERING, C.; WEAVER, D.B. (2003): Nature-based Tourism: Environment and Land Management. Wallingford, Cambridge: CABI Publishing.

CRAMER, Michael (2009): Europa-Radweg Eiserner Vorhang; Teil 1: Am "Grünen Band" von der Barentssee zur deutsch-polnischen Grenze. Rodingersdorf: Esterbauer Verlag.

DANIELLI, Giovanni; SONDEREGGER, Roger (2009): Kompaktwissen: Naturtourismus; Band XII. Zürich: Rüegger Verlag.

DEUTSCHES MAB-NATIONALKOMITEE (Hrsg.) (2004): Voller Leben: UNESCO-Biosphärenreservate – Modellregionen für eine nachhaltige Entwicklung. Berlin, Heidelberg: Springer-Verlag.

ELLENBERG, Ludwig; SCHOLZ, Marion; BEIER, Birgit (1997): Ökotourismus: Reisen zwischen Ökonomie und Ökologie. Berlin, Heidelberg, Oxford: Spektrum.

GETZNER, Michael; JOST, Sascha; JUNGMEIER, Michael (2002): Naturschutz und Regionalwirtschaft: Regionalwirtschaftliche Auswirkungen von Natura 2000-Gebieten in Österreich. Frankfurt am Main: Peter Lang GmbH.
HONEY, Martha (1999): Ecotourism and Sustainable Development: Who Owns Paradise. Washington D. C. , Covelo: Island Press.

KÖHN, Jörg (Hrsg.) (1997): Tourismus und Umwelt. Berlin: Analytica Verlagsgesellschaft.

MCCOOL, Stephen F.; MOISEY, R. Neil. (ed.) (2001): Tourism, Recreation and Sustainability: Linking culture and the environment. Wallingford: CAB International.

NOLTE, Birgit (2005): Tourismus in Biosphärenreservaten Ostmitteleuropas: Hoffnungen, Hindernisse und Handlungsspielräume bei der Umsetzung von Nachhaltigkeit. Berlin: Mensch & Buch Verlag.

OPASCHOWSKI, Horst W. (1999): Umwelt. Freizeit. Mobilität.: Konflikte und Konzepte. Opladen: Leske + Budrich Verlag.

RAT DER WISSENSCHAFTLICHEN DUDENREDAKTION (Hrsg.) (2003): Deutsches Universalwörterbuch. 5. Auflage. Mannheim, Leipzig, Wien, Zürich: Dudenverlag.

SHIPP, Diana (ed.) (1993): Loving them to death?: Sustainable tourism in Europe's nature and national parks. Grafenau, FNNPE.

TERRY, Andrew; ULLRICH Karin; RIEKEN, Uwe (2006): The Green Belt of Europe: From Vision to Reality. Gland, Cambridge: IUCN.

WAHRIG-BURFEIND, Renate (2007): Wahrig: Fremdwörterlexikon. München: Deutscher Taschenbuch Verlag.
WRBKA, Thomas; ZMELIK, Katharina; GRÜNWEIS, Franz Michael (Hrsg.) (2009): Das Grüne Band Europas. Grenze.Wildnis.Zukunft.. Linz: Verlag Bibliothek der Provinz.

ZIENER, Karen (2003): Das Konfliktfeld Erholungsnutzung: Naturschutz in Nationalparken und Biosphärenreservaten. Aachen: Shaker Verlag.

## 8.1.2 Zeitschriften

FREMUTH, Wolfgang et al. (2008): Der Prespa-Nationalpark in Albanien: Eckstein des „Green Belt of Europe" auf dem Balkan. Natur und Landschaft 8: S. 345-355. Stuttgart: Verlag W. Kohlhammer.

FROBEL, Kai; RIEKEN, Uwe; ULLRICH, Karin (2009): Das „Grüne Band" – das Naturschutzprojekt Deutsche Einheit. Natur und Landschaft 9/10: S. 399-403. Stuttgart: Verlag W. Kohlhammer.

HARTEISEN, Ulrich (2007): Naturschutz als Motor für Regionalentwicklung und Tourismus am Beispiel des „Grünen Bandes". Jahrbuch der Baumpflege Beilage: S. 37-46. Braunschweig: Haymarket Media.

KOLLE, Friedhart et. al. (2009): Grenzen trennen – Natur verbindet: Grenzüberschreitende Nationalparks am Grünen Band. Natur und Landschaft 9/10: S. 414-419. Stuttgart: Verlag W. Kohlhammer.

LANG, Alois, GEIDEZIS Liana, SCHEIDER-JACOBY, Martin (2009): Das Grüne Band Europa: Gemeinsames Naturerbe als Basis für eine neue regionale Identität. Natur und Landschaft 9/10: S. 404-408. Stuttgart: Verlag W. Kohlhammer.

RIEKEN, Uwe; ULLRICH, Karin (2009): Editoral. Natur und Landschaft 9/10: S. 397. Stuttgart: Verlag W. Kohlhammer.

SCHWADERER Gabriel et. al. (2009): Grünes Band Balkan als Lebensraum für bedrohte Arten. Natur und Landschaft 9/10: S. 420-425. Stuttgart: Verlag W. Kohlhammer.

ULLRICH, Karin; FROBEL, Kai; RIEKEN, Uwe (2009): Zukunft des Grünen Bandes. Natur und Landschaft: Heft 9/10: S. 457-460. Stuttgart: Verlag W. Kohlhammer.

## 8.2 Digitale Quellen

Alle folgenden Links wurden am 01.11.2011 überprüft. Daher ist auch bei den Fußnoten dieser Arbeit kein Abrufdatum angegeben.

### 8.2.1 Publikationen

CRAMER, Michael (o.J.): Europa Radweg Eiserner Vorhang.
Download unter: http://www.ironcurtaintrail.eu/publikationen/broschuere/index.html

CRIST, Costas et. al. (2003): TOURISM AND BIODIVERSITY - Mapping Tourism's Global Footprint. Conservation International
Download unter: http://www.unep.org/PDF/Tourism_and_biodiversity_report.pdf

FREMUTH, Wolfgang; KNAUER, Roland H. (2000): Ohrid und Prespa Seen: Biologische Schatzkammern.
Download unter: http://www.euronatur.org/fileadmin/docs/info_deutsch/Info_dt_alt/Info24_Orchid_und_Prespa.pdf

INSTITUTE OF TRANSPORT AND TOURISM (2009): Das Europäische Fahrradnetzwerk Eurovelo. Brüssel
Download unter: www.europarl.europa.eu/studies

IUCN (1994): Richtlinien für Management-Kategorien von Schutzgebieten
Download unter: http://data.iucn.org/dbtw-wpd/edocs/1994-007-De.pdf

MOHYLOVA, Michaela (2008): Massentourismus in den Alpen, Einschätzung der Auswirkungen des Massentourismus auf die Umwelt und einige Möglichkeiten zur Entwicklung zur Nachhaltigkeit. Brünn.
Download unter: http://is.muni.cz/th/220773/pedf_m/Diplomka_do_ISU.pdf

ÖSTERREICHISCHE UNESCO-KOMMISSION (o.J.): Das UNESCO-Programm: Die Umsetzung des MAB-Programms in Österreich
Download unter: http://131.130.59.133/biosphaerenparks/bsr/downloads/mab_oesterreich.pdf

SANDGRUBER, Roman; LOIDOL Norbert (2009): Der Eiserne Vorhang: Die Geschichte – das Ende – die Mahnung. Linz.
Download unter : http://www.1989-2009.at/dateien/49_Sandgruber_und_Loidol.pdf

SEKERCIOGLU, Cagan (2002): Impacts of birdwatching on human and avian communities. Environmental Conservation 29 (3): S. 282-289.
Download unter:
http://www.stanford.edu/~cagan/SekerciogluOrniTourismEnvCons2002.pdf

STEINMETZ, Elke (Hrsg.) (2003): Naturschutz – (Aus-)Löser von Konflikten? BfN-Skripten 98.
Download unter: http://www.naturschutzportal.de/fileadmin/MDB/documents/skript98.pdf#page=69

STRASDAS, Wolfgang (2001): Ökotourismus in der Praxis - Zur Umsetzung der sozioökonomischen und naturschutzpolitischen Ziele eines anspruchsvollen Tourismuskonzeptes in Entwicklungsländern.
Download unter: http://www.hnee.de/_obj/B4B9D932-92A4-469F-8B19-6C2C68828AA5/outline/Diss_W_Strasdas_A.pdf

STUMBERGER, Borut et al. (2007): Management plan for the conservation and sustainable use of the natural values of the privately owned Nature Park «Solana Ulcinj», Montenegro.
Download unter: http://www.museum-joanneum.at/upload/file/JoanneaZoologie_10_01.pdf

WAIBEL, Michael (2003): Reader zur Spezialübung Entwicklungsländer / Internationale Entwicklungspolitik. Göttingen: Geografisches Institut.
Download unter: http://www.michael-waibel.de/presse/WAIBEL_EPOL_Reader_2003_all_small.pdf#page=177

ZHAW-IUNR, Reto Rupf (o.J.): Projekt Visiman: Interessenkonflikt zwischen Naturschutz und Tourismus.
Download unter: http://visiman.ch/fileadmin/user_upload/customers/visiman/projekt/Interessenkonflikt_Naturschutz_Tourismus.pdf

### 8.2.2 Präsentationen

CRAMER, Michael (2011): Auftaktveranstaltung zum EU-Projekt „Iron Curtain Trail" am 26. Mai 2011. Schwerin.
Download unter: http://adfc-mv.de/fileadmin/downloads/2011-05-26_ICT_Vortrag_Michael_Cramer_MdEP.pdf

### 8.2.3 Homepages

http://ec.europa.eu/transport/infrastructure/index_en.htm

EuroNatur:
http://www.euronatur.org
a) http://www.euronatur.org/Prespa-Ohrid.1069.0.html
b) http://www.euronatur.org/Projekte.1070.0.html

c) http://www.euronatur.org/Prespa-Ohrid-Region.1135.0.html
d) http://www.euronatur.org/Lebensraum-schuetzen.1172.0.html
e) http://www.euronatur.org/Nachhaltige-Regionalentwicklung.1173.0.html

http://gruenes-band.i-ventions.de/tourismus/

Natur Sport Info; BfN und BAFU:
http://www.bfn.de/natursport/info/

a) Canyoning:
http://www.bfn.de/natursport/info/SportinfoPHP/infosanzeigen.php?sportart=Canyoning&z =Sportart&code=g26&lang=de

b) Kanu, Kajak:
http://www.bfn.de/natursport/info/SportinfoPHP/infosanzeigen.php?sportart=Kanu%2C+Kajak&z=Sportart&code=g22&lang=de

c) Klettern:
http://www.bfn.de/natursport/info/SportinfoPHP/infosanzeigen.php?sportart=Klettern&z=Sportart&code=g6&lang=de

d) Mountainbiking:
http://www.bfn.de/natursport/info/SportinfoPHP/infosanzeigen.php?sportart=Mountainbiking&z=Sportart&code=g5&lang=de

e) Pistenskilauf:
http://www.bfn.de/natursport/info/SportinfoPHP/infosanzeigen.php?sportart=Pistenskilauf+%28Ski+Alpin%29&z=Sportart&code=g69&lang=de

f) Radfahren:
http://www.bfn.de/natursport/info/SportinfoPHP/infosanzeigen.php?sportart=Radfahren&z=Sportart&code=g4&lang=de

g) Reiten:
http://www.bfn.de/natursport/info/SportinfoPHP/infosanzeigen.php?sportart=Reitsport&z=Sportart&code=g7&lang=de

h) Seen:
http://www.bfn.de/natursport/info/SportinfoPHP/infosanzeigen.php?lebensraum=Seen&z=Lebensraum&code=f11&lang=de

i) Segelflug:
http://www.bfn.de/natursport/info/SportinfoPHP/infosanzeigen.php?sportart=Segelflug&z=Sportart&code=g13&lang=de

j) Snowboarden:
http://www.bfn.de/natursport/info/SportinfoPHP/infosanzeigen.php?sportart=Snowboarden&z=Sportart&code=g74&lang=de

k) Tourenskilauf:
http://www.bfn.de/natursport/info/SportinfoPHP/infosanzeigen.php?sportart=Tourenskilauf&z=Sportart&code=g67&lang=de

l) Wandern:
http://www.bfn.de/natursport/info/SportinfoPHP/infosanzeigen.php?sportart=Wandern%2F+Gel%E4ndelauf&z=Sportart&code=g3&lang=de

m) Wassermotorrad:
http://www.bfn.de/natursport/info/SportinfoPHP/infosanzeigen.php?sportart=Wassermotorrad&z=Sportart&code=g32&lang=de

http://reisen.erlebnisgruenesband.de/

http://wikimapia.org/16105194/Mali-i-That%C3%AB-2287-m

http://www.bfn.de/0323_iyesanft.html

http://www.bund.net/bundnet/themen_und_projekte/gruenes_band/auf_google_earth_erleben/

http://www.bund.net/nc/presse/pressemitteilungen/detail/artikel/gruenes-band-muss-einzigartiges-nationales-naturmonument-werden-bund-begruesst-vorschlag-von-bundes/

http://www.euronatur.org/Warum-die-Kampagne.929.0.html

http://www.europeangreenbelt.org/

http://www.europeangreenbelt.org/005.database_gallery.maps.html

http://www.mountainwaterbikes.de/

http://www.naturschutzbund.at/details-zu-archivierten-ausgaben/items/natur-und-land-heft-nr-2-2009-europas-gruenes-band-natur-ist-grenzenlos.html#Lückenanalyse

http://www.panparks.org/learn/pan-parks-wilderness/managing-pan-parks-wilderness#4

http://www.spiegel.de/reise/europa/0,1518,694002,00.html

http://www.unesco.at/kultur/welterbe/index.htm

http://www.zeit.de/2005/49/Villgratental

# 9 Abbildungs-, Tabellen- und Abkürzungsverzeichnis

## 9.1 Abbildungsverzeichnis

Titelbild: Eigenes Foto, © by K. Viktor VAHDAT

Abbildung 1: Zuständigkeiten am Grünen Band: Die drei Regionalkoordinatoren ... 23
Abbildung 2: Ökotourismus im Vergleich zu anderen Tourismusformen und Begriffen Ökotourismus als Überschneidung von nachhaltigem Tourismus und Naturtourismus .......... 31
Abbildung 3: Überblick über die Presparegion - Schutzstatus – Entwicklung .......... 46
Abbildung 4: Das Nachhaltigkeitsprinzip – Wirkungsgefüge: Nachhaltigkeit – Tourismus – Parkmanagement .......... 65

## 9.2 Tabellenverzeichnis

Tabelle 1: Eigenschaften von hartem und sanftem Reisen im Vergleich .......... 30
Tabelle 2: Positive und negative Effekte des Naturtourismus .......... 34
Tabelle 3: Touristenattraktionen am Grünen Band Europas .......... 35
Tabelle 4: Auswirkungen von Birdwatching und Empfehlungen, um Störungen zu minimieren und die lokale Mitbestimmung zu maximieren. .......... 64
Tabelle 5: IUCN Schutzgebietskategorien. .......... 72
Tabelle 6: UNESCO-Schutzkategorien. .......... 73

## 9.3 Abkürzungsverzeichnis

| | |
|---|---|
| BAFU | Bundesamt für Umwelt (in der Schweiz) |
| BfN | Bundesamt für Naturschutz |
| BN | Bund Naturschutz - Bayrischer Landesverband des BUND |
| BRD | Bundesrepublik Deutschland |
| BUND | Bund für Umwelt und Naturschutz Deutschland |
| CIPRA | Commission Internationale pour la Protection des Alpes = Internationale Alpenschutzkommission |
| DDR | Deutsche Demokratische Republik |
| EAF | EECONET Action Fund |
| EuroNatur | gemeinnützige Stiftung zum Schutz der wichtigsten Lebensräume in Europa |
| FAR | forumandersreisen |
| FNNPE | Federation of Nature and National Parks of Europe |
| GIS | Geografisches Informationssystem |
| GTZ | Deutsche Gesellschaft für Technische Zusammenarbeit |
| ICT | Iron Curtain Trail = Europaradweg Eiserner Vorhang |
| IUCN | International Union for Conservation of Nature and Natural Resources |
| ICOMOS | International Council on Monuments and Sites = Internationaler Rat für Denkmalpflege |
| KfW | Kreditanstalt für Wiederaufbau |
| LOCP | Lako Ohrid Conservation Projekt |
| MAB | Man and the Biosphere = Der Mensch und die Biosphäre – ein Programm der UNESCO |
| NGO | Non-Governmental Organisation = Nichtregierungsorganisation (NRO) |
| PAN-Park | Protected Area Network Park |
| PoW | Programme of Work, ein Arbeitsprogramm, die Grundlage der Green Belt Initiative |
| PPNEA | Protection and Preservation of Natural Environment in Albania |
| SED | Sozialistische Einheitspartei Deutschlands |
| TEN-T | Trans-European Transport Networks |
| UdSSR | Union der Sozialistischen Sowjetrepubliken |
| UNESCO | United Nations Educational, Scientific and Cultural Organization = Organisation der Vereinten Nationen für Erziehung, Wissenschaft und Kultur |
| UNWTO | United Nations World Tourism Organisation |
| ZGF | Zoologische Gesellschaft Frankfurt |

# 10 Anhang

A.1 Übersichtstabelle .................................................................. 88

A.2 Tier- und Pflanzenartentabelle .............................................. 92

A.3 Quer durch das Grüne Band Europas - Allgemeiner Überblick ................ 94
    A.3.1 Das Fennoscandische Grüne Band – „Fennoscandian Green Belt" .......... 94
        A.3.1.1 Barentssee [1] bis Pasvik-Inari [2] ........................................ 94
        A.3.1.2 Finnisch-Karelisches Wald- und Seenland [3] ........................ 95
    A.3.2 Zentraleuropäisches Grünes Band – Central European Green Belt ......... 96
        A.3.2.1 Ostseeküste [4] .................................................................. 96
        A.3.2.2 Deutschland – Schaalsee-Landschaft [12] ............................ 97
        A.3.2.3 Zentraleuropäisches Mittelgebirge – Böhmerwald ................. 98
        A.3.2.4 Waldviertel ........................................................................ 99
        A.3.2.5 Weinviertel - Wiener Becken ............................................. 100
        A.3.2.6 Neusiedlersee [18] ........................................................... 101
        A.3.2.7 Südburgenland – Dreiländereck: Österreich – Ungarn – Slowenien . 101
        A.3.2.8 Die österreichisch-slowenische Grenze ............................... 102
        A.3.2.9 Italienisch-slowenische Grenze .......................................... 102
    A.3.3 Südosteuropäisches Grünes Band ............................................... 102
        A.3.3.1 Flussgebiete: Mur – Drau – Donau ..................................... 102
        A.3.3.2 Steppen: „North-Backa Sand Region" [23] ......................... 103
        A.3.3.3 Ein Lebensraum für Geier ................................................. 103
        A.3.3.4 Die Berge ........................................................................ 104
        A.3.3.5 Küstengebiete .................................................................. 104
        A.3.3.6 Bulgarien - Strandja Nature Park [34] ................................ 105

A.4 Überblickskarte ................................................................... 107

Die folgenden Tabellen (Gesamtüberblick, Tier- und Pflanzenartenliste) wurden selbst erstellt.

# A.1 Übersichtstabelle

**GRÜNES BAND EUROPA**

| | Fennoskandien | | | Zentraleuropa (inkl. Ostseeküste) | | | | | | | | 1.Abzweigung |
|---|---|---|---|---|---|---|---|---|---|---|---|---|
| 12 500 km | 1350 km | | | 4839 km | | | | | | | | |
| Länder / Grenzen | Norwegen - Russland | Finnland - Russland | Estland | Lettland | Litauen | Russland (Kaliningrad) | Polen | Deutschland | Deutschland - Tschechien - Österreich | Österreich - Slowakei | Österreich - Ungarn | Österreich - Ungarn - Slowenien | Österreich - Slowenien / Italien - Slowenien |
| Klima | kontinentale Region - arktische Einflüsse - lange Schneebedeckung, Permafrostböden | kalt-gemäßigt | kühl gemäßigt, kalte Winter, mäßig warme Sommer, meist schneefreie Ostküste | | gemäßigtes Meeresklima | | | gemäßigt mild - (subjozeanisch | gemäßigt mild - feucht | gemäßigt-rau, niederschlagsreich | pannonischer Einfluss | pannonisch - niederschlagsarm, kalte Winter, heiße Sommer | mediterran - warme Sommer, milde, feuchte Winter |
| Vegetation | Tundra, nur 3 Monate Vegetationsphase, Ökosystem sehr störungsempfindlich, schlechte Regeneration | Taiga | Misch- wälder, Weiden | | Dünenvegetation, Kiefern-, Mischwälder | | | Buchen-, Erleneschenwälder | Laub(misch)wälder, Kulturflächen | Auwälder | Salzvegetation, Schilfgürtel | Auwälder | trockenes Grasland, Eichen-Hain- buchenwälder |
| Geografische Elemente | Barentssee [1] | Fluss: Pasvik [2], Inarisee [2], Finnisch Karelisches Wald- und Seenland [3] | Ostseeküste [4] - Rigaischer Meerbusen; große Inseln (Saarema) | | Nehrungs- küsten | Ostsee- küste | Ostseeküste, Danziger Bucht [9], Landzungen | Insel Rügen, Halbinsel Jasmund | Zentral- europäisches Mittelgebirge | Thaya, March | Neusiedlersee | Raab | Karawanken, Julische Alpen bis zur Adria |
| Landschaft | Fjorde, Küste - dank Golfstrom im Winter eisfrei | vor allem in Russland: intakte Nadel- wälder | Schären- küsten, kuppel- förmige Felseinsln, artenreiche Natur- und Kulturlandschaften | flache Sand, Kiesstrände, Dünenlandschaften, Schwemmland | | | Küstenlagunen (Frische Haff [8]), Sanddünen, Flachwasser- biotope (Danziger Bucht), Marsche | Flachwasser- biotope, Bodden, Dünen, Klippen und Salzmarschen | wasserreiche Buchwälder Oberpfälzer-, Bayrischer-, Böhmerwald, Fluss: Thaya Hochmoore | ehem. Laubmisch- wälder; Feucht- gebiete, aber auch Lößstand- orte und Trocken- gebiete | Fluss- Auland- schaft, Feucht- wiesen | Trocken- steppen, Salzlacken | Schluchten, Karst- gebiete, Berge, Urwälder, Kulturland- schaft |
| Naturschutz- gebiete - Beispiele | Dreiländerpark : Pasvik-Inari [2] Oulanka [3] | | NP: Lahemaa [5] | Natur- schutz- gebiet: Pape [6] | NP.: Kuršiu Nerija - Kuhrische Nehrung [7] | | NP: Slowinski [10] (Sanddünen) | NP: Jasmund [11] | BR: Schaa see Landschaft [12] NP: Sumava Böhmerwald [14] NP Thayathal (AT)-Podyjí (CZ) [15] | NP: Harz (DE) [13] NP: Donauauen [16] March Thaya-Auen [17] | NP: Neu- siedlersee /Seewinkel Fertő-Hanság [18]; Land- schaftsschutz- gebiet: Süd- burgenländ- isches Hügel- land [19] | Dreiländer- Naturpark Goričko-Raab- Örség [20] | NP: Triglav [21] |

| | | | | | | | | | | | | |
|---|---|---|---|---|---|---|---|---|---|---|---|---|
| Tierarten | Schneehase, Hermelin, Elch, Rentier, Vielfraß, Fischotter, Luchs, Wolf, Braunbär, Prachttaucher, Kraniche, See- und Fischadler, Schnepfen, Unglückshäher, Zwergsäger, Seidenschwanz, Hakengimpel, Waldlemming, Lapplandspitzmaus, Marderhund, Berglemming, Rentier | Kegelrobbe, Kreuzkröte, Kammmolch, Ringelgans, Eiderente | Ansiedelung von: Heckrind, Wildpferd, Wisent | Elch, zahlreiche Vogelarten: Graureiher, Trauerseeschwalbe, Säbelschnäbler | Zwergschwalbe, Wachtelkönig, Seeadler, Schreiadler, Steinadler, Uhu, Rabe, Baumpieper, Trauerschnäpper, Neuntöter, Braunkehlchen, Steinschmätzer, Rotkehlpieper, Ortolan Karmingimpel | Schweinswal, Meerneunauge, Alpenstrudelwurm, Mehlschwalben, Kreideeule, Eisvogel, Wanderfalke, Seeadler | Seeadler, Eisvogel, Kranich, Rohrdommel, Waldwasserläufer, Fischotter, Wachtelkönig, Neuntöter, Rotbauchunke | Luchs, Wildkatze, Wolf, Fischotter, Flussperlmuschel, div. Kautzarten, Uhu, Elch, Dreizehenspecht, Weißrückenspecht, Auerhuhn | Eisvogel, Biber, Donau-Kammmolch, Schwarzstorch, Graugans, Moorente, Kleines Sumpfhuhn, Fischadler | Großtrappe, Rotschenkel, Silberreiher, Löffler, Graugans, Kornweihe, Kiebitz, Schwarzhalstaucher, Säbelschnäbler, Feldlerche, Purpurreiher, Osterluzeifalter | Rauchschwalbe, Weißstorch | Blauracke, Marmorataforelle |
| Pflanzenarten | Rotföhre, Sibirische Fichte, Zwergsträucher niedrig bleibende Weiden, Moorbirken | Saaremaa-Klappertopf, Färberscharte | | Strandhafer, Salzmiere, Landreitgras, Besenheide, Schwarze Krähenbeere | Meersenf, Strandportulak, Standdistel, Silbergras, Sandsegge | Frauenschuh | Brachsenkraut, Armleuchteralgen, Laichkräuter Rauhes Hornblatt, Sumpfporst, Rauchbeere Torfmoosarte | Böhmischer- & Pannonischer Enzian, Diptam, Breitblattknabenkraut, Rotfrüchtige Becherflechte | Sibirische Schwertlilie, Europäische Wasserfeder Zwergweidrich | Österreichischer Salbei, Spinnen-Ragwurz, Grau-Aster, Salzkresse, Frühlingsadonisröschen | Eisbeere, Edelkastanie, Weißer Germer, Weißmiere | Obir-Steinkraut, Zoi-Glockenblume, Himmelsherold, Triglav-Enzian |
| | Rentierflechte Moose, | | | | | | | | | | | |
| | Sumpfporst, LapplandHahnenfuß, Sibirisches Wollgras | | | | | | | | | | | |
| Besonderheiten | | | verstärkte wirtschaftliche Kooperation erfordert koordinierten Naturschutz | | | Kreide = das weiße Gold von Rügen | | | | Neusiedlersee =Europas westlichster Steppensee | Themenwege | |
| menschl. Nutzung in der Region / Gefahren | Forst- u. Landwirtschaft, Nickelwerk, Wasserkraftwerke, Wilderei | Rentierzucht, geringe Bevölkerungsdichte | Landwirtschaft, Bautätigkeit | | Bernsteinabbau | Verschmutzung, Hochwassermanagement, Planung: Offshore-Windkraftanlagen | | Schigebiete - Ausbau | Abbau von Kies, Sand; Wilderei | | Ackerflächen | |
| | | | | | Bernsteinabbau = 75% der Weltproduktion | | | | | | | | |
| Tourismus | Naturtourismus = unkontrolliert; Fluss Lederka: Ökotourismus Potenzial | zunehmender Massentourismus | Ökotourismus: Wander- & Radwege, Infotafeln | Badetourismus | intensiver Tourismus | stark besucht - Besucherlenkung wichtig | Tourismus | Chance für die Zukunft: sanfter, naturverträglicher Tourismus | unkontrollierter Ökotourismus, hoher Erholungsnutzung, Wasser-, Radsport, Weinkultur | | außerhalb des Kerngebietes viel Erholungsnutzung, Wasser-, Radsport, Weinkultur Druckt zw. Wien-Bratislava | Vermarktung regionaler Produkte - Korbflechterei |

| | Südosteuropa 6310 km | | | | 2. & 3. Abzweigung | | | | |
|---|---|---|---|---|---|---|---|---|---|
| Länder / Grenzen | Slowenien, Ungarn, Kroatien, Serbien | Ungarn, Serbien | Bulgarien-Serbien | Bulgarien-Mazedonien | Mazedonien-Griechenland | Mazedonien-Albanien | Montenegro-Albanien | Bulgarien-Griechenland | Bulgarien-Türkei |
| Klima | pannonisch-kontinental | gemäßigt - kontinental, schneereiche Winter, warme Sommer | | rau, Übergang: kontinental, Winter kalt, Sommer warm, jeweils niederschlagsreich | mediterran Winter: niederschlagreich | mediterran | mediterraner Einfluss | kontinental-mediterran | mediterran-pontisch |
| Vegetation | Auwälder | Steppen | | fragmentierte Kiefern- und Fichtenwälder | Buchen und Tannen, Fichten, Kiefernwälder | Fichten-, Buchen-, Eichenwälder | See, Fluss, Küste | Wälder Westen: Nadelwald Osten: Laubwald; Almen | Wald, Küste |
| Geografische Elemente | Flussgebiet: Mur, Drau, Donau, Theiß, Themes | North-Backa Sand Region - Vojvodina | Gebirge | | | Berge: Pelister, Galičia; Ohrid-, Prespaseen, Shebenik-Jablanica | Skutarisee, Bojana-Buna-Delta, Korab-Berge | Gebirge | Bergland Schwarzmeerküste |
| Landschaft | Flussgebiet-Überflutungsflächen = Retentionsräume bei Hochwasser | bis 60m hohe Sanddünen, Feuchtgebiete Seen | | Ograzden, Maleševska, Vlahina [25] | Kozuf Berge, Kajmak-Šalan, Beriasica-Kerkiniberge | Seen, Gebirge | natürlicher Flussverlauf | Rhodopen | |
| Naturschutzgebiete - Beispiele | Spezial Nature Reserve Gornje Podunavlje [22], HR: Naturpark Kopački Rit (Kopatscher Au) [22] | North-Backa Sand Region - Vojvodina | Stara Planina [24] Dragoman | | (GR) Koryfes Orous Voras Ori Tzena, Oros Paiko [26] | (AL) Prespa NP [27], (MZ) Mavrovo NP [29] | Skutari [30], Bojana-Buna Delta [31] | NP: Pirin [32] | Sakar-Hügelland [33], Strandja-Naturpark [34] |

| Tierarten | Kormoran, Weiß- & Schwarzstorch, Seeadler, Weißbart-Seeschwalbe, Morrente, Reiher | Zwergdommel, Rallenreiher, Purpurreiher, Großtrappe, Blauracke | Adlerbussard, Feldlerche, Waldschnepfe | Braunbär | Schmutzgeier, Gold-schakal | Rosapelikan, Krauskopfpelikan, Zwergscharbe, Ohridforelle, Prespa-Nase, Prespa-Barbe | Seeregenpfeifer, Zwergsumpfhuhn, Triel, Zwergseeschwalbe, Karrettschildkröte | Gämse, Braunbär, Wolf, Luchs, Geier: Bartgeier, Mönchsgeier, Gänsegeier, Schmutzgeier | Kaiseradler, Schreiadler, Schwarzmilan, Würgfalke, Ziesel |
|---|---|---|---|---|---|---|---|---|---|
| Pflanzenarten | Steineiche, Seerose, Teichrose, Laxmanns Rohrkolben Zypergras-Segge | Färberdistel, Langjährige Nelke | Geflügelte Glockenblume | Fichte, Schwarzkiefer | | | | | |
| Besonderheiten | viele alte Haustierrassen | | | | | | Zugvogel Rastplatz (Adriatic Flyway) | | |
| menschl. Nutzung in der Region / Gefahren | | | Schigebiet im Naturpark | Plan: N4 Autobahn, von Athen nach Sofia, durch Kresna Gorge in Bulgarien | Übernutzung der Wälder, illegale Jagd | intensive Landwirtschaft, illegale Jagd | | Walddegradation (Beweidung), illegale Jagd Geldmangel | Dreiländereck Ossogow-Belassiza-Gebirge - viel Infrastruktur |
| Tourismus | steigender Druck durch Tourismus, Forstwirtschaft | | im Westen: Koprenska Eco-Pfad | | teilweise zum Betreten: polizeiliche Erlaubnis notwendig | | Musik Festival: "Ohridsko leto" "Sommer in Ohrid" | Massentourismus > Bau von Zufahrtsstraßen | naturnahes Tourismus Angebot regionale Produke |

© K. Viktor Vahdat

## A.2 Tier- und Pflanzenartentabelle

Die hier angeführten Arten stellen nur einen kleinen Auszug aus der Vielfalt des Grünen Bandes dar.

| Pflanzenarten | |
|---|---|
| Deutsch | Latein |
| Breitblattknabenkraut | Dactylorhiza majalis |
| Armleuchteralgen | Characae |
| Besenheide | Calluna sp. |
| Böhmischer Enzian | Gentianella bohemica |
| Brachsenkraut | Iso ëtes sp. |
| Diptam | Dictamnus albus |
| Europäische Wasserfeder | Hottonia palustris |
| Färberdistel | Carthamus tinctorius |
| Färber-Scharte | Serratula tinctoria |
| Frühlingsadonisröschen | Adonis vernalis |
| Geflügelte Glockenblume | Campanula calycialata |
| Gelber - Frauenschuh | Cypripedium calceolus |
| Gemeine Fichte | Picea abies |
| Grau-Aster | Aster canus |
| Große Küchenschelle | Pulsatilla grandis |
| Heidelbeerweide | Salix myrtilloides |
| Himmelsherold | Eritrichium nanum |
| Hollunderknabenkraut | Dactylorhiza sambucina |
| Karawanken-Alpen-Mohn | Papaver alpinum subsp. kerneri |
| Kleines Knabenkraut | Orchis morio |
| Laichkräuter | Potamogeton sp. |
| Landreitgrass | Calamagrostis epigejos |
| Langjährige Nelke | Dianthus diuntinus |
| Lappland-Hahnenfuß | Ranunculus lapponicus |
| Laxmanns Rohrkolben | Typha laxmanii |
| Männliches Knabenkraut | Orchis mascula |
| Meersenf | Cakile maritima |
| Moltebeere | Rubus chamaemorus |
| Obir-Steinkraut | Alyssum ovirense |
| Österreichischer Salbei | Salvia austriaca |
| Pannonischer Enzian | Gentiana pannonica |
| Rauhes Hornblatt | Ceratophyllum demersum |
| Rauschbeere | Vaccinium uliginosum |
| Rotföhre | Pinus sylvestris |
| Rotfrüchtige Becherflechte | Cladonia sp. |
| Saaremaa-Klappertopf | Rhinanthus osliliensis |
| Salzkresse | Lepidium cartilagineum |
| Salzmiere | Honckenya peploides |
| Sandsegge | Carex arenaria |
| Schwarze Krähenbeere | Empetrum nigrum |
| Seerose | Nymphaea albae |
| Sibirische Fichte | Picea obovata |
| Sibirische Schwertlilie | Iris sibirica |
| Sibirisches Wollgras | Eriophorum russeolum |
| Silbergras | Corynephorus canescens |
| Spinnen-Ragwurz | Ophrys sphegodes |
| Steineiche | Quercus ilex |
| Stranddistel | Eryngium maritimum |
| Strandhafer | Ammophila arenaria |
| Strandportulak | Honckenya peploides |
| Sumpfglanzkraut | Liparis loeselii |
| Sumpfporst | Ledum palustre |
| Teichrose | Nuhar luteum |
| Torfmoosarten | Sphagnum |
| Triglav-Enzian | Gentiana terglouensis |
| Zois-Glockenblume | Campanula zoysii |
| Zwergweichsel | Prunus fruticosa |
| Zypergras-Segge | Carex bohemica |

NP  Nationalpark
BR  Biosphärenreservat

AT  Österreich
AL  Albanien
CZ  Tschechien
DE  Deutschland
GR  Griechenland
HR  Kroatien
RS  Republik Serbien

**Tierarten**

| Deutsch | Latein | Deutsch | Latein |
|---|---|---|---|
| Gänsegeier | Gyps fulvus | Rallenreiher | Ardeola ralloides |
| Uhu | Bubo bubo | Rentier | Ragnifer taradus |
| Adlerbussard | Buteo rufinus | Ringelgans | Branta bernicla |
| Alpenstrudelwurm | Crenobia alpina | Rohrdommel | Botaurus stellaris |
| Auerhuhn | Tetrao urogallus | Rosapelikan | Pelecanus onocrotalus |
| Bartgeier | Gypaetus barbatus | Rotbauchunke | Bombina bombina |
| Baumpieper | Anthus trivialis | Rotkehlpieper | Anthus cervinus |
| Bekassine | Gallinago gallinago | Rotschenkel | Tringa totanus |
| Blauracke | Coracias garrulus | Säbelschnäbler | Recurvirostra |
| Braunbär | Ursus arctos | Schmutzgeier | Neophron percnopterus |
| Braunkehlchen | Saxicola rubetra | Schneehase | Lepus timidus |
| Donau-Kammmolch | Triturus dobrogicus | Schnepfe | Scolopax sp. |
| Dreizehenspecht | Picoides tridactylus | Schreiadler | Aquila pomarina |
| Eiderente | Somateria mollissima | Schwarzhalstaucher | Podiceps nigricollis |
| Eisvogel | Alcedo atthis | Schwarzmilan | Milvus migrans |
| Elch | Alces alces | Schwarzstorch | Ciconia nigra |
| Feldlerche | Alauda arvensis | Schweinswal | Phocoena phocoena |
| Fischadler | Pandion haliaetus | Seeadler | Haliaeetus albicilla |
| Fischotter | Lutra lutra | Seeregenpfeifer | Charadrius alexandrinus |
| Flussperlmuschel | Margaritifera margaritifera | Seidenschwanz | Bombycilla garrulus |
| Gelbspötter | Hippolais icterina | Silberreicher | Casmerodius albus |
| Goldschakal | Canis aureus | Smaragdeidechse | Lacerta bilineata |
| Graugans | Anser anser | Steinadler | Aquila chrysaetos |
| Graureiher | Ardea cinerea | Steinschmätzer | Oenanthe oenanthe |
| Großer Brachvogel | Numenius arquata | Trauerschnäpper | Ficedula hypoleuca |
| Großtrappe | Otis tarda | Trauerseeschwalbe | Chlidonias niger |
| Hakengimpel | Pinicola enucleator | Triel | Burhinus oedicnemus |
| Heckrind | Bos primigenius | Uhu | Bubo bubo |
| Hermelin | Mustela erminea | Unglückshäher | Perisoreus infaustus |
| Kaiseradler | Aquila heliaca | Vielfraß | Gulo gulo |
| Karmingimpel | Carpodacus erythrinus | Wachtelkönig | Crex crex |
| Karrettschildkröte | Eretmochelys imbricata | Waldlemming | Myopus schisticolor |
| Kiebitz | Vanellus vanellus | Waldschnepfe | Scolopax rusticola |
| Kormoran | Phalacrocorax carbo | Waldwasserläufer | Tringa ochrops |
| Kornweihe | Circus cyaneus | Wanderfalke | Falco peregrinus |
| Kraniche | Grus grus | Wanstschrecke | Polysarcus denticauda |
| Krauskopfpelikan | Pelecanus crispus | Weißrückenspecht | Dendrocopos leucotos |
| Kreideeule | Photedes morrisii | Weißbart-Seeschwalbe | Chlidonias hybridus |
| Kreuzkröte | Bufo calamita | Weißstorch | Ciconia ciconia |
| Lapplandspitzmaus | Sorex caecutiens | Wildkatze | Felis sylvestris |
| Löffler | Platalea leucorodia | Wildpferd | Equus ferus |
| Luchs | Lynx lynx | Wisent | Bison bonasus |
| Marderhund | Nyctereutes procyonoides | Wolf | Canis lupus |
| Marmoratoforelle | Salmo marmoratus | Würgfalke | Falco cherrug |
| Meerneunauge | Petromyzon marinus | Ziesel | Spermophilus sp. |
| Mehlschwalben | Delichon urbicum | Zwergdommel | Ixobrychus minutus |
| Mönchsgeier | Aegypius monachus | Zwergsänger | Mergellus albellus |
| Mondhornkäfer | Copris lunaris | Zwergscharbe | Phalacrocorax pygmaeus |
| Neuntöter | Lanius collurio | Zwergschwalbe | Neochelidon tibialis |
| Ohridforelle | Salmo letnica | Zwergseeschwalbe | Sterna albifrons |
| Ohrid-Lachs | Salmothymus ohridanus | Zwergsumpfhuhn | Porzana pusilla |
| Ortolan | Emberiza hortulana | | |
| Osterluzeifalter | Zerynthia polyxena | | |
| Prachttaucher | Gavia arctica | | |
| Prespa-Barbe | Chondrostoma nasus prespensis | | |
| Prespa-Nase | Barbus prespensis | | |
| Purpurreiher | Ardea purpurea | | |
| Rabe | Corvus corax | | |

# A.3 Quer durch das Grüne Band Europas - Allgemeiner Überblick

## A.3.1 Das Fennoscandische Grüne Band – „Fennoscandian Green Belt"

### A.3.1.1 Barentssee [1] bis Pasvik-Inari [2]

Ganz im Norden Europas befindet sich das Grüne Band in der arktischen Region, die durch die hohe Kälte, die lange Schneebedeckung und Permafrostböden geprägt ist und subpolares Tundrenklima aufweist. Dank des Golfstromes und des Nordkapstromes bleiben die Buchten der Barentssee im Winter eisfrei, was einen positiven Einfluss auf extreme Temperaturminima hat. In dieser Region gedeihen hauptsächlich Flechten (im besonderen die Rentierflechte *Cladonia sp.*), Moose, Zwergsträucher und niedrigbleibende Weiden und Moor-Birken (*Betula pubescens*), aber auch die durch ihre gelegentlichen Massenwanderungen bekannten Berglemminge (*Lemmus lemmus*).

Das Ökosystem ist aufgrund der kurzen, ca. dreimonatigen Vegetationsphase nicht sehr produktiv, äußerst störungsempfindlich und schwer regenerierbar. Damit ist auch intensive Landwirtschaft unmöglich. Nur das Volk der Samen passte sich durch die - ursprünglich nomadische - auf Rentierzucht basierende Lebensweise an den kargen Boden und das raue Klima an. Heute ist die Bevölkerungsdichte noch immer sehr gering, dafür die Natur jedoch weitgehend unberührt. Weiter südlich im kühl-temperierten, kontinentalen Klima herrscht die Taiga mit ihren großen Nadelwäldern (mit *Pinus sylvestris*, *Picea obovata* und *Picea abies*).

Die großen Fluss- und Seensysteme sind landschaftsprägend, so z.B. der Inarisee mit dem aus ihm entspringenden Fluss Pasvik. In diesem Gebiet finden sich auch zahlreiche Moore, in denen z.B. die Moltebeere (*Rubus chamaemorus*) vorkommt. Viele der eurasischen Arten haben hier ihre nördlichste Verbreitungsgrenze, so sind die dortigen Kiefernwälder (*Pinus sylvestris*) die nördlichsten Europas. Dank länderübergreifender Zusammenarbeit wurde von Norwegen, Finnland und Russland der Dreiländerpark Pasvik-Inari gegründet, in dem u.a. neben dem Eichhörnchen (*Sciurus vulgaris*) der Schneehase (*Lepus timidus*), das Hermelin (*Mustela erminea*), der Baummarder (*Marte smartes*), der Elch (*Alces alces*), das Rentier (*Ragnifer tarandus), der Braunbär (*Ursus arctos*), die Bisamratte (*Ondrata zibethicus*), das Mauswiesel (*Mustela nivalis*), der Vielfraß (*Gulo gulo*) und der Fischotter (*Lutra lutra*) vorkommen. Aufgrund der vielen Feuchtgebiete gibt es auch eine vielfältige Vogelfauna mit Prachttauchern (*Gavia arctica*), Kranichen (*Grus grus*), See- und Fischadlern (*Haliaeetus albicilla, Pandion haliaetus*).

Waldbrände, unkontrollierter Tourismus, Wilderei, Luftverschmutzung durch ein nahes Nickelwerk[238] und Wasserkraftwerke am Fluss Pasvik stellen die Bedrohungen und Probleme dar, welche in länderübergreifender Zusammenarbeit gelöst werden müssen.[239] [240]

### A.3.1.2 Finnisch-Karelisches Wald- und Seenland [3]

Die historische Landschaft Karelien liegt heute sowohl in Finnland als auch in Russland. Karelien entstand während der Eiszeiten, als der Baltische Schild, das Grundgebirge Skandinaviens, abgeschliffen wurde und es zur Ablagerung von Moränen kam. Dadurch wurden das Mosaik aus Hügeln, den besonders in Südfinnland charakteristischen Seen der Finnischen Seenplatte, die heutigen borealen Nadelwälder (Taiga) und den vielen Sümpfen ermöglicht.

In Finnland steigerte sich die Forstwirtschaft seit dem 20. Jahrhundert enorm und seit ihrer Intensivierung leben immer weniger Menschen in der Region. Während der Wald in Finnland fast bis zum Eisernen Vorhang intensiv genutzt wurde, gab es in der ehemaligen UdSSR einen ungefähr zehn Kilometer breiten „Schutzstreifen", wodurch besonders auf russischer Seite Tiere wie Vielfraß (*Gulo gulo*), Luchs (*Lyns lynx*), Wolf (*Canis canis*) und Braunbär (*Ursus arctos*) erhalten geblieben sind. Aber auch das Waldren (*Rangifer tarandus fennicus*), eine Unterart des Rentiers, der Atlantische Lachs (*Salmo salar m. sebago*) und die im Süßwasser lebende Saimaa-Ringelrobbe (*Pusa hispida saimensis*) kommen hier vor. Beiderseits der Grenze gibt es zahlreiche Naturschutzgebiete, die zu einem durchgängigen ökologischen Korridor entwickelt werden könnten. Das Biosphärenreservat Nordkarelien, in dem auch

---

[238] Pechenganickel der russischen Firma Kola MSC
[239] vgl. MAKAROVA, Olga und POLIKARPOVA, Natalia in WRBKA et al., 2009, S. 34-42
[240] vgl. www.pasvik-inari.net

die Kulturlandschaft erhalten werden soll, kann als Beispiel für grenzüberschreitende Zusammenarbeit angeführt werden.[241]

*„In ein Biosphärenprojekt sind neben der wissenschaftlichen Forschung und der Verwaltung auch die vor Ort lebenden Menschen eingebunden. Sie können sich zum Beispiel im naturnahen Tourismus engagieren und an Umweltbildungsprogrammen mitarbeiten. Im Falle Kareliens ist die finnisch-russische Zusammenarbeit unweigerlich auch für die Beziehungen zwischen Europa und Russland von Bedeutung."*[242]

### A.3.1.3 Zentraleuropäisches Grünes Band – Central European Green Belt

### A.3.1.4 Ostseeküste [4]

„Die Ostsee bietet als größtes europäisches Brackwassermeer vielfältige Lebensräume, z.B. Flachwasserbiotope, Sandbänke, Bodden,[243] Dünen, Klippen und Salzmarschen. Obwohl die politische Grenze quer durch die Ostsee verlauft, war die Küste am strengsten geschützt. Teile wurden als militärische Sperrgebiete deklariert, die Küste vom Meer aus observiert und TouristInnen mussten den Strand abends verlassen. Da aus diesem Grund die Küsten- und Flachwasserbiotope wenig beeinträchtigt blieben, definierte die Green Belt Community die Küstenlinie als Grünes Band (am Ostseestrand)."[244]

Die relativ junge Ostsee weist dank verschiedener Untergrundgesteine und zahlreicher Überformungen eine recht vielfältige Küste auf. Diese ist u.a. wegen ihres Reichtums an Bernstein bekannt, welcher sich vor ca. 50 Millionen Jahren aus dem Harz tertiärer Nadelbäume gebildet hat. Aber auch der Vogelreichtum ist groß. In der gesamten Ostsee kommt die Kegelrobbe *(Halichoerus grypus)* vor. Unter Gletschereinfluss haben sich an der finnischen und russischen Ostsee Schärenküsten und kuppelförmige Felsinseln gebildet. In Estland gibt es mehrere Inseln, wie Saaremaa, Hiiuma und Muhu. Saarema war während der „Sowjetzeit" militärisches Sperrgebiet, wodurch der Zutritt vom Festland sogar Inländern erschwert war.

Auf Grund dieser Isolation finden sich heute noch eine ursprüngliche artenreiche Natur- und Kulturlandschaft und eine urtümliche Lebensweise, die jedoch durch

---

[241] vgl. HOKKANEN, Timo J. in WRBKA et al., 2009, S. 52-84
[242] ebda., S. 58
[243] ein vom offenen Meer durch Landzungen getrenntes Küstengewässer
[244] vgl. ANONYM, Ostsee – Jasmund: http://www.greenbelteurope.eu/

zunehmende Bautätigkeit und Massentourismus bedroht wird. Im Norden Estlands befindet sich der Nationalpark Lahemaa [5], der 1971 gegründet wurde und als erster Nationalpark der Sowjetunion gilt. In Lettland, Litauen und Polen dagegen finden sich flache Sand- und Kiesstrände und zahlreiche Dünenlandschaften mit vielen einzigartigen Vegetationstypen.

In Litauen wurde ein Küstenregionalpark (Lietuvos žeme) errichtet, doch nördlich davon, in den Urlaubsorten Palanga und Šventoji, gibt es im Sommer sehr viel Badetourismus. Weiter südlich rund um den Pape-See befindet sich das Naturschutzgebiet Pape [6], in dem dank dem WWF Wisente *(Bison bonasus)*, Wildpferde *(Equus ferus)* und Heckrinder[245] *(Bos taurus)* anzutreffen sind. Im Süden sind oft schmale Landzungen ausgebildet, welche die Ostsee von Brackwasserbereichen abtrennen (Nehrungsküsten).

Ein bekanntes Beispiel ist die Kurische Nehrung [7], eine Landzunge, die das Kurische Haff zur Ostsee abgrenzt. Die Kurische Nehrung wurde als Nationalpark ausgewiesen und besteht aus Primär- und bewachsenen Dünen und stellt ein Winterquartier für 300 Vogelarten dar. Östlich des Kurischen Haffs liegt der Regionalpark Memeldelta, der zudem als Ramsargebiet ausgewiesen ist. Im Landesinneren folgen z.T. nach Schwemmland an der Küste oft Moränenlandschaften, aber auch typische Kulturlandschaften, wie Wiesen, Weiden und Äcker. Die Wälder der Ostseeregion sind buchendominiert. Zwischen dem zu Russland gehörenden Kaliningrad und Polen liegt das Frische Haff [8]. In Richtung Deutschland folgt die einstmals stark verschmutzte Danziger Bucht [9] und der Nationalpark Slowinski [10].[246]

### A.3.1.5 Deutschland – Schaalsee-Landschaft [12]

Bis nach Travemünde, nordöstlich von Hamburg, zieht sich das Grüne Band, vorbei am Nationlpark Jasmund [11] auf der intensiv besuchten Insel Rügen, an der Ostseeküste dahin. Ab Travemünde geht es Richtung Süden. Zuerst durchs Norddeutsche Becken, das sich durch mild-feuchtes-ozeanisch – subozeanisches Klima auszeichnet und dank der Eiszeiten viele Seensysteme, wie die Schaalsee-Landschaft [12], aufweist. In dem Biosphärenreservat Schaalsee und dem Naturpark

---

[245] aus Hausrindrassen gezüchtetes „Wildrind"
[246] vgl. WRBKA, et al., 2009, S. 62, 72-79

Lauenburgische Seen werden die Gewässer und Moore, die wertvollen Vogellebensraum darstellen, mit dem umgrenzenden Buchenwäldern und einer strukturreichen Kulturlandschaft geschützt. Da der Eiserne Vorhang den Schaalsee durchtrennte und Vogeljagd und Tourismus kaum möglich waren, kommen hier Seeadler *(Haliaeetus albicilla)* und Kraniche *(Grus grus)* vor.

### A.3.1.6 Zentraleuropäisches Mittelgebirge – Böhmerwald

Südlich des Schaalsees folgen die hügeligen Hochflächen des Zentraleuropäischen Mittelgebirges, wie der Harz [13], der Thüringer Wald, das Fichtelgebirge, der Oberpfälzer Wald, der Bayerische Wald, der Šumava-Böhmerwald [14] und in Österreich dann das Mühl- und Waldviertel bis zum Thayatal [15]. Die Bergzüge bestehen vorwiegend aus Granit, Gneis und Glimmerschiefer, auf denen nährstoffarme Böden entstanden sind. Dank des eher rauen, niederschlagsreichen Klimas haben sich zahlreiche Waldgebiete, aber auch Hochmoore gebildet und erhalten. Obwohl die ursprünglichen Laubmischwälder durch Aufforsten von Nadelbäumen zu Nadelholzforsten umgewandelt wurden, dienten sie dem Luchs *(Lynx lynx)* und der Wildkatze *(Felis sylvestris)* als Rückzugsmöglichkeit direkt im dicht besiedelten Mitteleuropa.

Aufgrund ihrer großen zusammenhängenden Waldgebiete ist die grenzüberschreitende Region „Böhmerwald, Bayrischer Wald und Mühlviertel" aus naturschutzfachlicher Sicht sehr wertvoll. Der Bund Naturschutz in Bayern, der Naturschutzbund, die Hnuti Duha, eine tschechische Organisation von Friends of the Earth, aber auch „Grünes Herz Europa" setzen sich für den Schutz der Waldgebiete und gegen Straßen- und Schipistenbau ein. Der Naturschutzbund Österreich hat in der Nähe von Leopoldschlag ein erstes Infozentrum über das Grüne Band errichtet, das BesucherInnen informieren soll und auch geführte Touren anbietet.

Der Bau einiger Grünbrücken, um die Wanderungen der Wildtiere über (bereits ausgebaute) Straßen wieder zu ermöglichen, wurde ebenfalls vom Naturschutzbund bewirkt.[247] Im Böhmerwald befindet sich die einzige reproduzierende Luchspopulation Oberösterreichs und es gibt auch einzelne Hinweise auf Wölfe *(Canis lupus)*.[248]

---

[247] vgl. TERRY et al., 2006, S. 52
[248] vgl. LIMBERGER, Josef in WRBKA et al., 2009, S. 97

Hauptsächlich bemühen sich Naturschutzbund und Naturschutzjugend die nötige Akzeptanz unter der Bevölkerung zu schaffen.

In den Bächen des Böhmerwaldes lebt der Fischotter *(Lutra lutra)*, dessen Bestände wieder zunehmen, und in winzigen Restbeständen auch die Flussperlmuschel *(Margaritifera margaritifera)*. Die früher sehr häufige Flussperlmuschel ist u.a. auf Grund von Abwässern, Bodenerosion und Düngemitteleintrag aus der Landwirtschaft heute sehr selten. Der Verein PerlMut setzt sich für deren Schutz ein.[249] Eine kleine Population von Elchen *(Alces alces)* zieht – entlang des Grünen Bandes - zwischen dem Böhmerwald und dem Naturschutzgebiet Trebonsko in Tschechien umher. Die Waldbirkenmaus *(Barbastella barbastellus)* und einige Fledermausarten leben hier.

Aus ornithologischer Sicht sind der Sperlinskauz *(Glaucidium passerinum)*, als kleinste in Österreich heimische Eulenart, der Rauhfußkauz *(Aegolius funereus)*, der Habichtskauz *(Strix uralensis)* und der Uhu *(Bubo bubo)*, als größte Eulenart der Welt, zu nennen. Aber auch der Dreizehenspecht *(Picoides tridactylus)*, der Weißrückenspecht *(Dendrocopos leucotos)*, das Auerhuhn *(Tetrao urogallus)*, das Haselhuhn *(Bonasa bonasia)*, der Schwarzstorch *(Ciconia nigra)*, der Wachtelkönig *(Crex crex)*, die Bekassine *(Gallinago gallinago)* u.v.m kommen hier vor.[250]

## A.3.1.7 Waldviertel

Das gesamte Gebiet war ursprünglich von Laubwäldern bedeckt, große Teile wurden seit dem 14. Jahrhundert in Ackerland umgewandelt. Seit dem 18. Jahrhundert wurden dann hauptsächlich Fichten und Kiefern aufgeforstet, so dass es große zusammenhängende Laubwaldbestände heute nur noch an den Flüssen Kamp und Thaya gibt. Bei Hardegg befindet sich seit dem Jahr 2000 der Nationalpark Thayatal [15], der mit dem Tschechischen Nationalpark Podyjí grenzübergreifend zusammenarbeitet. Vor allem der Naturschutzbund setzt sich in Österreich für Naturschutzprojekte am Grünen Band ein.

Während des Eisernen Vorhangs wurde das Waldviertel besonders marginalisiert, was sich seit 1989 und auch seit dem EU-Beitritt Österreichs 1995 wieder gebessert hat. Aufgrund des Niederschlagreichtums gibt es zahlreiche feuchte bis nasse Standorte, wie Moorränder, moosreiche Nadelwälder und Moore. Doch auch die Kulturlandschaft ist aufgrund ihrer Vielfalt sehr artenreich. So sind zwischen den

---

[249] vgl. http://www.perlmut-verein.de/4606.html
[250] vgl. LIMBERGER, Josef in WRBKA et al., 2009, S. 93-103

schmalen Ackerparzellen oftmals Lesesteinriegel, Hecken oder bei Terrassierungen gemähte Böschungen ausgebildet, die als Biotopverbundsysteme dienen.

Auch seltene Orchideenarten (*Orchis morio, Orchis mascula*) kommen hier auf extensiv bewirtschafteten Wiesen vor. Durch zahlreiche große Granitblöcke sind zusätzlich kleinflächige Biotopinseln entstanden.[251]

## A.3.1.8 Weinviertel - Wiener Becken

Im Weinviertel sind aufgrund der botanischen Besonderheiten vor allem die Lössstandorte und Trockenrasenbestände hervorzuheben.

Der Nationalpark Donau-Auen [16] mit den weiten Auwäldern und vielen Altarmen und Nebengewässern weist eine hohe Artenvielfalt mit ca. 5000 Tierarten, wie z.B. dem Eisvogel *(Alcedo atthis)*, auf. Gemeinsam mit der zwischen Österreich und der Slowakei verlaufenden March und der Thaya (March-Thaya-Auen [17]) bildet die Donau ein weites, vernetztes Auensystem. Besonders auf slowakischer Seite der March ist der Anteil an Feuchtgebieten (Feuchtwiesen, Sümpfen, Auwäldern) sehr hoch, wodurch Pflanzen, wie die Sibirische Schwertlilie *(Iris sibirica)* oder die Europäische Wasserfeder *(Hottonia palustris)* vorkommen, aber auch Tiere, wie der Europäische Biber *(Casor fiber)*, der Donau-Kammmolch *(Triturus dobrogicus)*, der Schwarzstorch *(Ciconia nigra)* und die Graugans *(Anser anser)*.

Seit dem Fall des Eisernen Vorhang, stieg der wirtschaftliche Druck auf das Gebiet, sodass unkontrollierter Tourismus, der Abbau bzw. die Förderung von Wasser, Kies und Sand, der damit verbundene Transport und Wilderei stattfinden.

In grenzüberschreitender Zusammenarbeit vieler Organisationen wird für das trilaterale Ramsargebiet „Floodplains of March-Thaya-Donau Confluence" eine Managment-Strategie erarbeitet.[252] Anderen Quellen zufolge bietet die March dem Tourismus interessante Möglichkeiten[253] und Ökotourismus[254] kommt auf.

---

[251] vgl. WRBKA, Thomas in in WRBKA et al., 2009, S. 104-109
[252] vgl. TERRY et al., 2006, S. 54
[253] vgl. WRBKA et al., 2009, S. 124
[254] vgl. ebda., S. 125

## A.3.1.9 Neusiedlersee [18]

Am Neusiedlersee ist das pannonische Klima, mit generell wenig Niederschlag, heißen Sommern und kalten Wintern, schon deutlich ausgeprägt. Der See ist seicht und salzhaltig, hat besonders in Ungarn einen breiten Schilfgürtel, aber auch große Trockensteppenflächen, die zahlreichen Vogelarten als Rückzugsraum dienen. Die sowohl auf österreichischer wie auch auf ungarischer Seite bestehenden Nationalparks wurden 1994 in den Internationalpark „Neusiedler See / Seewinkel-Fertö-Hanság" [18] zusammengefügt. Der größere nördliche Teil gehört zu Österreich, der südliche zu Ungarn. Der Neusiedlersee ist nicht nur der westlichste Steppensee Europas, sondern auch die westliche Grenze der kontinentalen Salzvegetation. Das Leithagebirge im Westen ist durch seinen Kalkstein bekannt und an den Hängen findet Weinbau statt. Besonders im Osten liegen viele Felder mit Getreideanbau. Die ungarische Grenzregion wurde zur Zeit der Sowjetunion entvölkert, wodurch Nutzungen weitgehend nicht stattfanden und sich sowohl Brachen als auch Schilfbestände und Wälder ausbreiteten. Zur gleichen Zeit setzte auf österreichischer Seite schon die Erholungsnutzung ein, besonders der Wasser- und Radsport und die Weinkultur. Noch heute sind diese Nutzungen in Österreich stärker ausgeprägt als in Ungarn. Im Kerngebiet im Süden des Nationalparks ist jegliche Nutzung verboten.

## A.3.1.10 Südburgenland – Dreiländereck: Österreich – Ungarn – Slowenien

Im südburgenländischen Riedelland [19] wechseln Wälder, Wein- und Obstgärten einander ab (Landschafts- und Europaschutzgebiet „Weinidylle") und viele zum Großteil thermophile Arten, wie z.B. der Osterluzeifalter *(Zerynthia polyxena)* oder die Gottesanbeterin *(Mantis religiosa)* sind zu finden. Der Naturpark Raab an den Hügeln und Tälern der Lafnitz, Pinka, Strem und Raab hingegen schützt Altarme, Auwälder und extensive Mäh- und Streuwiesen, in denen z.B. die Schachbrettblume *(Fritillaria meleagris)* vorkommt. Am Dreiländereck Österreich – Ungarn – Slowenien befindet sich der Dreiländernaturpark Raab-Örség-Goricko [20]. In grundwassernahen Lagen findet sich Schwarzerlen-Bruchwald mit Pflanzen wie dem Sumpffarn *(Thelypteris palustris)*, die wochenlange Überflutungen aushalten können. Aufgrund der heutigen Energiepolitik besteht in Tallagen die Gefahr von Energiepflanzenplantagen.

Im Burgenländischen Hügelland werden zusätzlich vielfältige Kulturpflanzen angebaut und deren Vermarktung wird als „gute Voraussetzung für sanften Tourismus"[255] gesehen.

### A.3.1.11 Die österreichisch-slowenische Grenze

Hier kommt die Blauracke *(Coracias garrulus)* vor, die als Langstreckenzieher in Afrika überwintert, trockene extensiv genutzte Wiesen benötigt und als „Flagship Species" fungiert. BirdLife Slovenia, Euronatur und der „Blaurackenverein LEiV" setzen sich in der Grenzregion für Maßnahmen zum Schutz der Blauracke ein. Es wird auch versucht, der lokalen Bevölkerung durch die Vermarktung von regionalen Produkten (z.B. Korbflechtwerk) ein höheres Einkommen zu ermöglichen.[256]

### A.3.1.12 Italienisch-slowenische Grenze

Charakteristisch für diesen Abschnitt ist der Wechsel von den Julischen Alpen bis zum Meer. Die Alpen, mit dem Triglav Nationalpark [21] in Slowenien, können als äußerst ungestört und unberührt angesehen werden. Es finden sich u.a. Blauracke *(Coracias garrulus)* und Marmorataforelle *(Salmo marmoratus)*.[257]

## A.3.2 Südosteuropäisches Grünes Band

### A.3.2.1 Flussgebiete: Mur – Drau – Donau

Auf Grund der teilweisen Grenzlage von Mur und Drau zwischen Slowenien, Österreich, Kroatien und Ungarn wurde die natürliche Dynamik des großen Flusssystems weitgehend beibehalten und mehr als 350 km Flusslandschaften von Bad Radkersburg in Österreich bis nach Osijek in Kroatien sind bis zur Mündung der Drau in die Donau unverbaut erhalten geblieben. Dieser Korridor wird als „European Life Line" bezeichnet und in Ungarn durch den Donau-Drau-Nationalpark geschützt. Wie im Flussgebiet der Mur, Drau und Donau, so zeigt sich auch in Serbien, wo die Theiß und die Temesch in die Donau münden, wie wertvoll die Überflutungsflächen sind. Sie bieten Retentionsräume bei Hochwasser und stellen gleichzeitig wertvolle

---

[255] WRBKA, Thomas in in WRBKA et al., 2009, S. 145
[256] vgl. TERRY et al., 2006, S. 55
[257] vgl. ebda., S. 56

Habitate für z.B. den Weiß- , den Schwarzstorch *(Ciconia ciconia, Ciconia nigra)*, den Seeadler *(Heliaeetus albicilla)*, die Weißbart-Seeschwalbe *(Chlidonias hybridus)*, Moorente *(Aythya nyroca)* und Reiherarten. Noch sind die wichtigen Überflutungsbereiche der Temesch nicht geschützt, doch in Serbien und Montenegro gibt es das „Special Nature Reserve Gornje Podunavlje" und in Kroatien den Naturpark Kopacki Rit [22].[258]

### A.3.2.2 Steppen: „North-Backa Sand Region" [23]

Diese Region bezeichnet ein ca. 200 km² großes Steppengebiet zwischen Ungarn, Serbien und Montenegro, welches entlang des Grünen Bandes als Regionalpark Subotica Sands (Subotica Pescara) [23] in Vojvodina geschützt ist. Markant sind die bis zu 60 Meter hohen Sanddünen und der hohe (jedoch auch schon zurückgegangene) Grundwasserspiegel in den dazwischen liegenden Niederungen, welcher einige Seen speist. Im Mosaik von Trocken- und Feuchtstandorten kommt eine hohe Biodiversität vor, welche u.a. durch grenzübergreifende Zusammenarbeit in dem LIFE Projekt „Pannonian sand dunes" geschützt werden soll. An Vogelarten sind die Zwergdommel *(Ixobrychus minutus)*, der Rallenreiher *(Ardeola ralloides)*, der Purpurreiher *(Ardea purpurea)* zu nennen, aber auch die Großtrappe *(Otis tarda)* und die Blauracke *(Coracias garrulus)*. Besonders die letzten beiden Arten haben nur noch in Ungarn eine halbwegs stabile Population. Der verstärkte Schutz der Vögel ist in dieser Region eine wichtige Herausforderung.[259]

### A.3.2.3 Ein Lebensraum für Geier

Im Balkan leben vier Geierarten, der Bartgeier *(Gypaetus barbatus)*, der Mönchsgeier *(Aegypius monachus)*, der Gänsegeier *(Gyps fulvus)* und der Schmutzgeier *(Neophron percnopterus)*. Sie benötigen traditionelle Rinderzucht und große Weidenflächen. Die Zoologische Gesellschaft Frankfurt (ZGF) hilft bei der Unterstützung und Entwicklung der Populationen.[260]

---

[258] vgl. TERRY et al., 2006, S. 56
[259] vgl. ebda., S. 66
[260] vgl. ebda., ff

## A.3.2.4 Die Berge

Berge sind typisch für den südosteuropäischen Teil des Grünen Bandes. In den abgelegenen Gebieten herrschen Wälder und Almen vor, Gämsen *(Rupicapra rupicapra)*, Hirsche *(Cervus elaphus)*, Rehe *(Capreolus capreolus)*, aber auch Braunbären *(Ursos arctos)*, Wölfe *(Canis lupus)* und Luchse *(Lynx lynx)* kommen vor. Im Gebiet zwischen Serbien-Montenegro, Mazedonien und Albanien kommt eine kleine Luchspopulation vor, bei der es sich eventuell um eine Unterart handelt, die hauptsächlich von EuroNatur und der IUCN Cat Specialist Group in einem „Balkan Lynx Conservation Projekt" geschützt werden soll.

Walddegradation, besonders aufgrund der Beweidung durch Schafe, ist in vielen Gebieten des Balkans ein Problem. Der Boden in Albanien ist besonders durch Übernutzung (Abholzung und anschließende Überweidung) degradiert[261]. So wird im albanischen Prespa Nationalpark [27] heute versucht den Wald wiederherzustellen. Auch im Süden Mazedoniens im heutigen Mavrovo Nationalpark [29] sind wegen der einstigen extremen Beweidung in den alpinen Regionen (über 2200 Meter) hauptsächlich Grasland oder kahle Flächen entstanden. In subalpinen Lagen finden sich Grasland, aber auch Wälder mit Fichten *(Picea abies)* und Buchen *(Fagus sylvatica)*, in niedrigeren Lagen Eichenwälder *(Quercus sp.)*.[262]

## A.3.2.5 Küstengebiete

Entlang des ehemaligen Eisernen Vorhangs gab es mehrere Abzweigungen zum Meer. Diese sind heute wichtige Küstenregionen des Grünen Bandes, besonders in Hinblick auf jahrzehntelange enorme touristische Entwicklungen im Mittelmeergebiet. Am Balkan ist an erster Stelle das Bojana-Buna-Delta [31] zwischen Serbien-Montenegro zu nennen, das einen hohen ökologischen Wert hat. So wurden 30 Kilometer dynamischer Küste und der Fluss unterhalb des Skutarisees [30] in seiner Natürlichkeit erhalten. Bis 1990 war in diesem Gebiet sogar das Bootfahren verboten. Die Grenzkontrolle hatte somit die riesigen Reiher- und Zwergscharben- *(Phalacrocorax pygmaeus)* Kolonien geschützt.

---

[261] aufgrund der angestrebten Autarkie war der Druck auf das Land sehr hoch
[262] vgl. TERRY et al., 2006, S. 67 ff

Im geplanten „Marine Park Bojana-Buna-Delta"[263] wird diese Aufgabe von RangerInnen übernommen. Das Besuchsprogramm soll den heutigen Tourismus „nachhaltiger" gestalten. Rund 200.000 TouristInnen in Serbien und Montenegro und 50.000 in Albanien nutzen die natürliche Küstenlandschaft bereits jährlich für ihren Urlaub. Während in Albanien 2003 erstmals illegal errichtete Häuser abgetragen wurden und versucht wird raumplanerische Regulationen zu schaffen, werden auf serbisch-montenegrischer Seite Zufahrtsstraßen durch die von Seeregenpfeifer *(Charadrius alexandrinus)*, Zwergsumpfhuhn *(Porzana pusilla)*, Triel *(Burhinus oedicnemus)* und Zwergseeschwalbe *(Sterna albifrons)* bewohnte Dünenlandschaft gebaut. Doch auch unter diesen schwierigen Bedingungen legt die Unechte Karettschildkröte *(Caretta caretta)*, eine Meeresschildkrötenart, ihre Eier in den Sand des Deltas und Delfine gehen bis zu 30 Kilometer flussaufwärts auf Nahrungssuche.[264]

### A.3.2.6 Bulgarien - Strandja Nature Park [34]

Im Endabschnitt des Grünen Bandes an der Schwarzmeerküste zwischen Bulgarien und der Türkei liegt der Bulgarische Strandja Nature Park [34], der ein natürliches Dünen- und Strandsystem schützt und mit 1.116 km² das größte Schutzgebiet in Bulgarien darstellt. Früher war hier jegliche touristische Aktivität von der Grenzkontrolle untersagt, doch heute werden neben ländlichen Entwicklungsprogrammen auch Tourismusprojekte im Parkmanagement mitgedacht.
Im Managementplan ist eine TouristInnenzone festgelegt, in der bestehende und geplante Einrichtungen und Routen liegen. Zahlreiche Möglichkeiten für „nature-friendly" (naturnahen) Tourismus werden geboten. Lokal produzierte Lebensmittel können gekauft und konsumiert werden und stellen einen wichtigen Zweig der lokalen Ökonomie dar. Den BesucherInnen soll der Wert von Natur- und Kulturlandschaften erfahrbar gemacht werden.[265]

In TERRY [266] wird zusätzlich auch noch die griechisch-türkische Grenze angeführt, obwohl sich auf diesem Abschnitt nie ein Eiserner Vorhang befand. Hierbei gilt es die langjährige Feindschaft zwischen Griechenland und der Türkei zu berücksichtigen. In diesem Grenzgebiet mündet der Fluss Meriç in einem großen Delta ins Ägäische

---

[263] STUMBERGER et al., 2007, S. 53
[264] vgl. TERRY et al., 2006, S. 72 ff
[265] vgl. TERRY et al., 2006, S. 67
[266] vgl. ebda., S. 72-73

Meer, das von vielen Zugvögeln, wie z.B. 2600 Krauskopfpelikanen und 5000 Weißstörchen, genutzt wird.[267]

---

[267] Important Bird Areas in Europe: HEATH and EVANS (2000) in TERRY et al., 2006, S. 72

# A.4 Überblickskarte

Auf Grund der Größe und Mannigfaltigkeit des Grünen Bandes erfolgte nur eine stichprobenartige Auswahl an Gebieten, um eine Ahnung vom Wert und der vielfalt dieser „Lebensader" erahnen zu können.

| Ziffer | Gebiete |
|---|---|
| 1 | Barentssee |
| 2 | Pasvik, Inarisee |
| 3 | Finnisch Karelisches Wald- und Seenland - Oulanka |
| 4 | Ostseeküste |
| 5 | Lahemaa |
| 6 | Pape |
| 7 | Kuršiu Nerija = Kuhrische Nehrung |
| 8 | Frisches Haff |
| 9 | Danziger Bucht |
| 10 | Slowinski |
| 11 | Jasmund |
| 12 | Schaalsee-Landschaft |
| 13 | Harz |
| 14 | Šumava-Böhmerwald |
| 15 | Thayathal-Podyjí |
| 16 | Donauauen |
| 17 | March-Thaya-Auen |
| 18 | Neusiedlersee/Seewinkel-Fertő-Hanság |
| 19 | Südburgenländisches Hügelland |
| 20 | Goričko-Raab-Örség |
| 21 | Triglav |
| 22 | Gornje Podunavlje |
| 22 | Kopački Rit |
| 23 | Suboticka Sands (Suboticka Pescara) |
| 24 | Stara Planina |
| 25 | Ograzden, Maleševska, Vlahina |
| 26 | Oros Paiko |
| 27 | Prespa |
| 28 | Shebenik-Jablanica Gebirge |
| 29 | Mavrovo |
| 30 | Skutari |
| 31 | Bojana-Buna Delta |
| 32 | Pirin |
| 33 | Sakar-Hügelland |
| 34 | Strandja |

Abbildung 5: Das Grüne Band Europas Überblickskarte. Eigene Darstellung verändert nach http://www.ironcurtaintrail.eu/